Everyday Crochet Bag

Everyday Crochet Bag

매일매일 뜨개 가방

코바늘로 뜨는 사계절 손뜨개 가방

최미희 지음

Hans Media

Prologue

처음으로 코바늘 가방을 완성했을 때의 기분을 잊을 수가 없어요.
코바늘, 뜨개실 그리고 손으로 이렇게 멋진 가방을 만들 수 있다니 놀라웠죠.
그때부터 필요한 가방이 있으면 직접 만들기 시작했어요.

동네에서 커피를 마실 때는 간단한 소지품이 들어갈 미니 가방을 만들고,
빵이나 간식을 담아 소풍을 갈 때는 힘 있는 소재의 실을 선택해서
넉넉한 사이즈의 피크닉 가방을 완성했어요.
그리고 여행을 떠나기 전에는 여행지를 떠올리며
한 코 한 코 설레는 마음을 담아 가방을 떴어요.
따사로운 햇살이 가득한 치앙마이를 갈 때는
자연 소재의 햄프, 리넨, 라피아 등 가볍고 시원한 느낌의 가방을 만들었고,
예술의 도시 파리에 갈 때는 독특한 텍스처나 감각적인 색감의 뜨개실을 사용했어요.
아이들과 떠나는 여행에서는 아이들을 위한 여권 지갑과
양손이 자유로울 수 있는 크로스 백을 구상했지요.

일상생활 속에서 항상 내 곁에 있는 코바늘 가방.
정갈하고 반듯한 느낌도 좋지만, 삐뚤삐뚤하게 올라가는 모습도 정겹고
사랑스럽게 느껴지는 건 바로 내 손으로 직접 만들었기 때문이죠.

온전하게 나만의 시간을 갖고 집중할 수 있는 즐거운 취미 생활이 있다는 건,

커다란 축복이라고 생각합니다.

코바늘은 단순한 뜨개 도구 그 이상으로 삶 속에 녹아 있어요.

평생 친구처럼,

힘든 일이 있을 땐 위로해 주고

마음이 쉬고 싶을 땐, 온전히 나만을 위한 시간을 내어 줍니다.

일상에서 함께하는 코바늘 가방에는 저마다의 추억이 담겨

우리의 마음 속에 긴 여운을 남깁니다.

기억하고 싶은 소중한 추억들과 나만의 이야기가 담기게 될

20종의 가방을 지금부터 함께 만들어 볼까요.

Natural beige 내추럴 베이지

Baguette Bag
바게트백

86

Nomad Clutch
노마드 클러치

90

Secret Garden Bag
시크릿 가든백

94

Memory Bag
메모리백

100

Fresh net 프레쉬 네트

Cozy Bag
코지백

106

Forest Bag
포레스트백

110

Bonjour Bag
봉쥬르백

114

Magic Carpet Bag
매직 카펫백

118

Modern stripe 모던 스트라이프

Sunset Bag

선셋백

124

Sunrise Bag

선라이즈백

128

Midnight Bag

미드나잇백

132

Milky Way Bag

밀키웨이백

136

Colorful world 컬러풀 월드

**Multi Mini
Mochila Bag**

멀티 미니 모칠라백

144

**Domino Small
Mochila Bag**

도미노 스몰 모칠라백

150

**Indian Medium
Mochila Bag**

인디언 미디엄 모칠라백

156

**Aztec Large
Mochila Bag**

아즈텍 라지 모칠라백

164

Casual stitch 캐주얼 스티치

Matisse Bag
마티스백

174

Shark Bag
샤크백

178

Klimt Bag
클림트백

182

Frankine Bag
프랑케인백

188

PLAY CROCHET

코바늘 뜨개 시작하기

기본 도구

1. **모사용 코바늘**
   이 책에서 가장 중요한 도구인 모사용 코바늘은 실의 두께에 맞는
   호수로 선택해서 사용합니다.
   2/0호(2mm)부터 10/0호(6mm)까지 있습니다.

2. **점보 코바늘**
   7mm, 8mm, 10mm 등으로 표기하며, 굵은 실이나 패브릭얀을
   뜰 때 사용합니다.

3. **돗바늘**
   편물을 연결하거나 마무리할 때 사용합니다.
   실의 두께에 따라 돗바늘의 굵기를 선택해서 사용합니다.

4. **스티치마커(단수링)**
   단수와 콧수를 표시할 때 유용합니다.

5. **줄자**
   치수를 잴 때 사용합니다.

6. **니팅링**
   뜨개실을 사용할 때 손가락 쓸림을 방지해 줍니다.

7. **시침핀**
   지퍼를 달아주거나 편물과 편물을 고정할 때 사용합니다.

8. **가위**
   실을 자를 때 사용합니다. 가위캡이 있고 휴대하기 편한 가위를
   선택합니다.

9. **니팅 파우치**
   뜨개 도구를 담아 보관하거나 편물을 들고 외출할 때 사용합니다.

10. **스팀 다리미**
    편물을 다림질하여 정돈할 때 사용합니다.

11. **핸드크림**
    작업 중 손이 건조할 때마다 수시로 발라줍니다.

12. **필기도구**
    사용한 실, 바늘 호수 등을 노트에 메모할 때 사용합니다.

이 책의 작품에 사용한 실을 소개합니다.
실은 염색할 때 LOT번호에 따라 색상이 바뀔 수 있으므로 필요한 양보다 1~2볼 여유 있게 준비하는 게 좋습니다.

실

1. **선셋** SUNSET
    코튼 92%, 나일론 8%
    1볼 60g

2. **오선** OH SUN
    코튼 92%, 나일론 8%
    1볼 80g

3. **무지얀** MOOJI yarn
    한지 100%
    1볼 100g

4. **마닐라햄프얀** Manila hemp yarn
    마(식물섬유) 100%
    1볼 20g

5. **마닐라햄프 레이스** Manila hemp lace
    마(식물섬유) 100%
    1볼 20g

6. **끼라끼라** Kkira Kkira
    폴리필름사 100%
    1볼 35g

7. **모칠라코튼** MOCHILA COTTON
    코튼 100%
    1볼 50g

8. **러브썸**
    폴리에스테르 100g
    1볼 80g(지관 무게 포함)

9. **밀키코튼 블루라벨** Milky Cotton BLUE LABEL
    코튼 80%, 밀크섬유 20%
    1볼 100g

10. **핸드앤핸드 링구사** HAND & HAND
    울 40%, 나이론 20%, 아크릴 40%
    1볼 70g

코바늘 뜨개의 기초

QR코드를 통해 영상으로 기법을 배울 수 있어요.

실 잡는 법

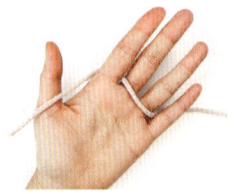 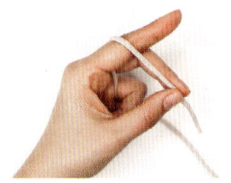

1. 실을 소지 옆으로 꺼내고 약지와 중지를 통과한 후 검지 뒤로 나가 사진처럼 앞쪽으로 가져옵니다.

2. 검지에 실을 걸고 엄지와 중지로 실 끝부분을 잡습니다.

바늘 잡는 법

모사용 코바늘 잡는 법

점보 코바늘 잡는 법

연필 잡듯이 가볍게 잡습니다. 엄지와 검지로 바늘을 잡고 중지로 받쳐줍니다.

굵은 실을 사용할 때 손목에 힘이 들어가는 걸 막기 위해서 엄지와 검지로 주먹 쥐듯이 바늘을 잡습니다.

사슬뜨기로 시작코 만들기

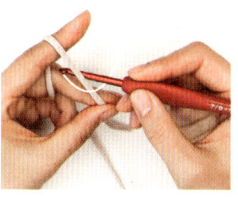

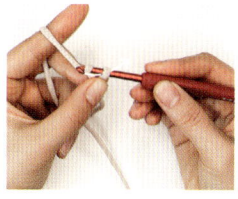

1. 화살표 방향으로 실을 한바퀴 감아 매듭을 만듭니다.

2. 실을 바늘에 걸어서 **빼냅니다**.

3. 반복해서 원하는 콧수를 만듭니다.

4. 완성된 모습입니다.

원형 뜨기로 시작코 만들기 (매직링)

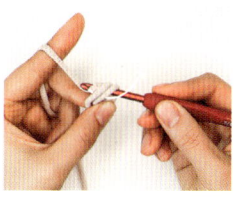

1. 검지에 실을 두 번 감습니다.

2. 실이 교차하는 부분을 잡고 고리 안으로 바늘을 넣어 실을 **빼냅니다**.

3. 사슬뜨기 1코를 뜹니다.

4. 완성된 모습입니다.

코바늘 뜨개 기호와 뜨는 법

사슬뜨기

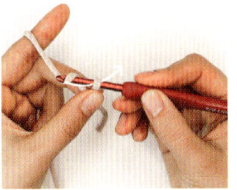  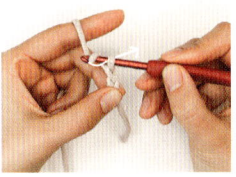

1. 실을 한바퀴 감아 매듭을 만든 상태에서 바늘에 실을 걸어서 **빼냅니다.**

2. 바늘에 실을 걸어서 **빼냅니다.**

3. 2를 반복해서 원하는 콧수만큼 사슬뜨기를 뜹니다.

4. 사슬뜨기 3코가 완성된 모습입니다.

짧은뜨기

1. 앞단 뜨개코 머리에 바늘을 넣습니다.

2. 바늘에 실을 겁니다.

3. 바늘에 걸려 있는 2개의 고리를 한꺼번에 **빼냅니다.**

4. 완성된 모습입니다.

짧은 이랑뜨기

1. 앞단 뜨개코 머리의 뒤쪽 반
   코만 잡아 바늘을 넣습니다.

2. 바늘에 실을 걸어서 빼냅니다.

3. 바늘에 실을 걸어서 바늘에
   걸려 있는 2개의 고리를 한
   꺼번에 빼냅니다.

4. 완성된 모습입니다.

긴뜨기

1. 바늘에 실을 1번 감고 앞단
   뜨개코 머리에 바늘을 넣습
   니다.

2. 바늘에 실을 겁니다.

3. 바늘에 실을 걸어서 바늘에
   걸려 있는 3개의 고리를 한
   꺼번에 빼냅니다.

4. 완성된 모습입니다.

한길 긴뜨기

1. 바늘에 실을 1번 감고 앞단 뜨개코 머리에 바늘을 넣은 후, 실을 걸어서 빼냅니다.

2. 바늘에 실을 걸어서 바늘에 걸려 있는 3개의 고리 중 2 개를 빼냅니다.

3. 바늘에 실을 걸어서 바늘에 걸려 있는 2개의 고리를 빼 냅니다.

4. 완성된 모습입니다.

빼뜨기

1. 앞단 뜨개코 머리에 바늘을 넣습니다.

2. 바늘에 실을 걸어 한꺼번에 빼냅니다.

3. 완성된 모습입니다.

짧은 2코 늘려뜨기

1. 앞단 뜨개코에 짧은뜨기 1코 를 뜹니다.

2. 같은 코에 바늘을 넣습니다.

3. 짧은뜨기 1코를 뜹니다.

4. 완성된 모습입니다.

짧은 2코 모아뜨기

1. 사진과 같이 뜨개코에 바늘 을 넣고 실을 빼냅니다.

2. 미완성 짧은뜨기 2코의 모습 입니다.

3. 바늘에 실을 걸어 바늘에 걸 려 있는 고리를 한꺼번에 빼 냅니다.

4. 완성된 모습입니다.

한길 긴 2코 늘려뜨기

1. 앞단 뜨개코에 한길 긴뜨기 1코를 뜨고 같은 코에 바늘을 넣습니다.

2. 한길 긴뜨기 1코를 뜹니다.

3. 완성된 모습입니다.

한길 긴 2코 모아뜨기

1. 미완성 한길 긴뜨기(3개의 고리 중 2개만 빼준 상태)에서 옆 코에도 미완성 한길 긴뜨기를 뜹니다.

2. 미완성 한길 긴뜨기 2코의 모습입니다.

3. 바늘에 실을 걸어서 바늘에 걸려 있는 3개의 고리를 한꺼번에 빼냅니다.

4. 완성된 모습입니다.

변형 긴뜨기(교차뜨기)

1. 사진에 보이는 코에 긴뜨기를 뜹니다.

2. 뒤쪽 코에 바늘을 넣어 긴뜨기를 뜹니다.

3. 완성된 모습입니다.

한길 긴 무늬뜨기

1. 사슬뜨기 3코를 뜹니다.

2. 한길 긴뜨기 1코를 뜹니다.

3. 사슬뜨기 1코를 뜹니다.

4. 바늘에 실을 걸어서 화살표 방향에 한길 긴뜨기 1코를 뜹니다.

5. 한길 긴 무늬뜨기가 완성된 모습입니다.

6. 도안을 보면서 무늬를 반복해 뜹니다.

사슬뜨기로 연결하기
(돗바늘로 마무리하기)

1. 마지막 코를 뜨고 실을 잘라
서 돗바늘에 끼웁니다.

2. 첫 코에 돗바늘을 넣어 통과
합니다.

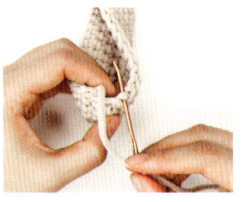

3. 마지막 코 뒤쪽 반코만 잡아
바늘을 넣습니다.

4. 사슬뜨기 1코가 생기면서 첫
코와 마지막 코가 자연스럽
게 연결됩니다.

돗바늘로 실 정리하기

1. 돗바늘에 실을 넣습니다.

2. 편물의 안쪽에 실을 숨깁니다.

3. 반대쪽 방향으로 같은 방법
으로 실을 숨깁니다.

4. 남은 실을 가위로 자릅니다.

5. 실을 정리한 모습입니다.

감침질하기

1. 안쪽 면끼리 맞댑니다.

2. 돗바늘로 1코씩 연결합니다.

3. 완성된 모습입니다.

포인트 레슨

지퍼 달기

1. 완성된 편물과 사이즈에 맞는 지퍼를 준비합니다.

2. 시침핀으로 끝과 중앙 부분을 표시하여 중심을 잡아줍니다.

3. 편물과 지퍼가 움직이지 않도록 시침핀으로 고정합니다.

4. 중심을 기준으로 화살표 방향에 따라 반박음질로 바느질합니다.

5. 바느질한 안쪽 모습입니다.

6. 완성한 모습입니다.

새우뜨기

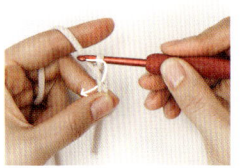

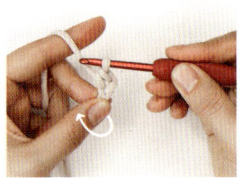

1. 사슬뜨기 2코를 뜨고, 사슬뜨기 첫 코에 바늘을 넣어 짧은뜨기 1코를 뜹니다.

2. 왼쪽 방향으로 돌립니다.

3. 화살표에 바늘을 넣어 짧은뜨기 1코를 뜹니다.

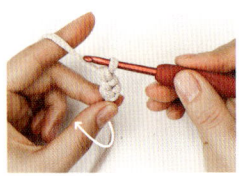

4. 왼쪽 방향으로 돌립니다.

5. 화살표에 바늘을 넣어 짧은뜨기 1코를 뜹니다.

6. 4번과 5번을 반복하면서 원하는 길이만큼 완성합니다.

7. 새우뜨기 완성한 모습입니다.

실 바꾸는 방법

1. 미완성 짧은뜨기를 뜹니다.

2. 배색할 실을 바늘에 걸어서 빼냅니다.

3. 배색 실이 연결된 모습입니다.

4. 짧은뜨기 1코를 뜹니다.

5. 완성한 모습입니다.

모칠라백 원형뜨기로 시작코 만들기

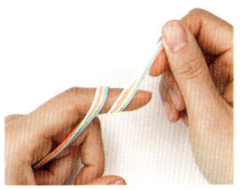

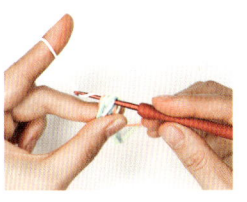

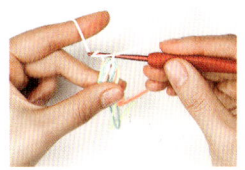

1. 배색에 필요한 실을 준비합니다. 한꺼번에 잡고 검지에 실을 한번 감습니다.

2. 실이 교차하는 부분을 잡고 고리 안으로 바늘을 넣어 1단 배색 실만 빼냅니다.

3. 사슬뜨기 1코를 뜹니다.

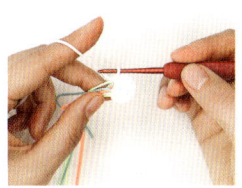

4. 짧은뜨기 8코를 뜹니다.

5. 실의 끝을 당겨 편물을 동그랗게 만듭니다.

6. 원형뜨기 1단 모습입니다.

**모칠라백 태슬끈 넣는
구멍 만들기**

1. 배색실의 아래에 바늘을 넣고 화살표 방향을 따라 실을 가져옵니다.

2. 배색실을 감싸면서 짧은뜨기를 뜹니다.

3. 짧은뜨기 1코를 뜬 모습입니다.

4. 짧은뜨기 2코를 뜨고 화살표 방향에 실을 넣어 짧은 이랑 뜨기를 뜹니다.

5. 완성된 모습입니다.

태슬끈 만들기

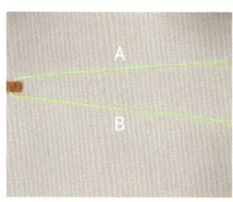

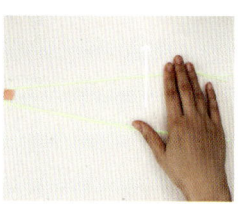

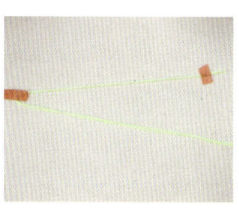

1. 원하는 길이의 4배 정도 실을 잘라 준비합니다. 중심을 테이프로 고정합니다.

2. 끈 A를 아래에서 위로 밀면서 꼬아줍니다.

3. 꼬아진 끈 A를 테이프로 고정합니다.

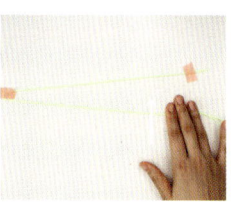

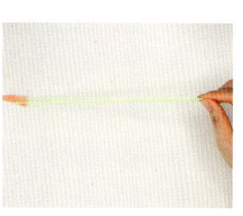

4. 끈 B도 같은 방법으로 아래에서 위로 밀면서 꼬아줍니다.

5. 꼬아진 A와 B를 잡고 끝부분을 매듭으로 연결합니다.

6. 완성된 모습입니다.

**태슬 만들기와
태슬끈 연결하기**

1. 두꺼운 종이에 실을 필요한 만큼 감습니다. 종이의 위, 아래쪽 실을 가위로 자릅니다.

2. 태슬과 태슬끈을 연결할 실을 준비하고 태슬끈을 올립니다.

3. 태슬끈을 실로 덮어주고 중심을 단단히 묶습니다.

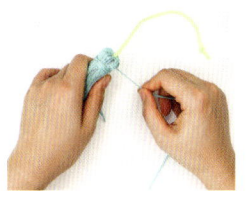

4. 태슬끈을 잡고 태슬을 정리합니다.

5. 실을 사용해서 5~6바퀴 돌려준 후에 묶습니다.

6. 태슬끈에 태슬을 만들어 연결한 모습입니다.

둥근 네 줄 땋기

1. 네 가지 색상을 준비합니다.

2. 오른쪽을 기준으로 두 번째 실을 세 번째 실 앞으로 이동합니다.

3. 오른쪽을 기준으로 첫 번째 실을 뒤쪽 방향으로 움직여서 사진처럼 세 번째 실 앞으로 이동합니다.

4. 오른쪽을 기준으로 네 번째 실을 뒤쪽 방향으로 움직여서 사진처럼 두 번째 실 앞으로 이동합니다.

5. 3~4를 반복하면서 원하는 길이만큼 둥근 네 줄 땋기를 합니다.

이 책을 보는 방법

바게트 백
Baguette Bag

두껍고 힘 있는 면사를 사용해서 뜨개코가 돋보이는 바게트백.
여유로운 주말 아침, 가까운 공원으로 피크닉을 떠나고픈 마음이 드는 가방입니다.
베이지 톤으로 편안하면서 내추럴한 느낌을 강조했어요.

실
A. 오선 (1볼 80g, 702 베이지혼합) 4볼
B. 오선 (1볼 80g, 652 연베이지) 1볼

바늘
모사용 코바늘 10/0호,
점보 코바늘 10mm, 돗바늘

사이즈
가로 가로 39cm x 세로 19cm

사용된 실과 바늘을 확인할 수 있습니다.
완성 사이즈는 사람에 따라 달라질 수 있습니다.
책에 표기된 사이즈로 완성하려면 바늘 호수를 조정합니다.

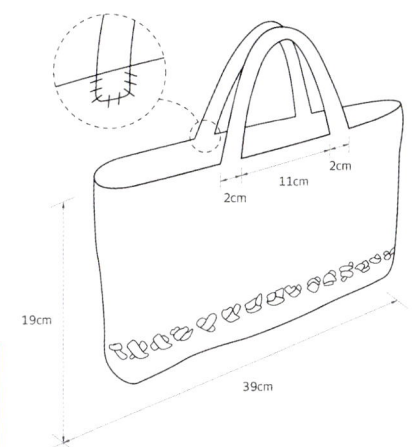

⬯	사슬뜨기
✕	짧은뜨기
⤬	겹짧은뜨기(이중 짧은뜨기)
✕	변형 긴뜨기(교차뜨기)
⬬	**빼뜨기**
⬎	실 연결하기
⬎	실 자르기

사용된 뜨개 기호를 살펴보고 방법을 익힙니다.

87

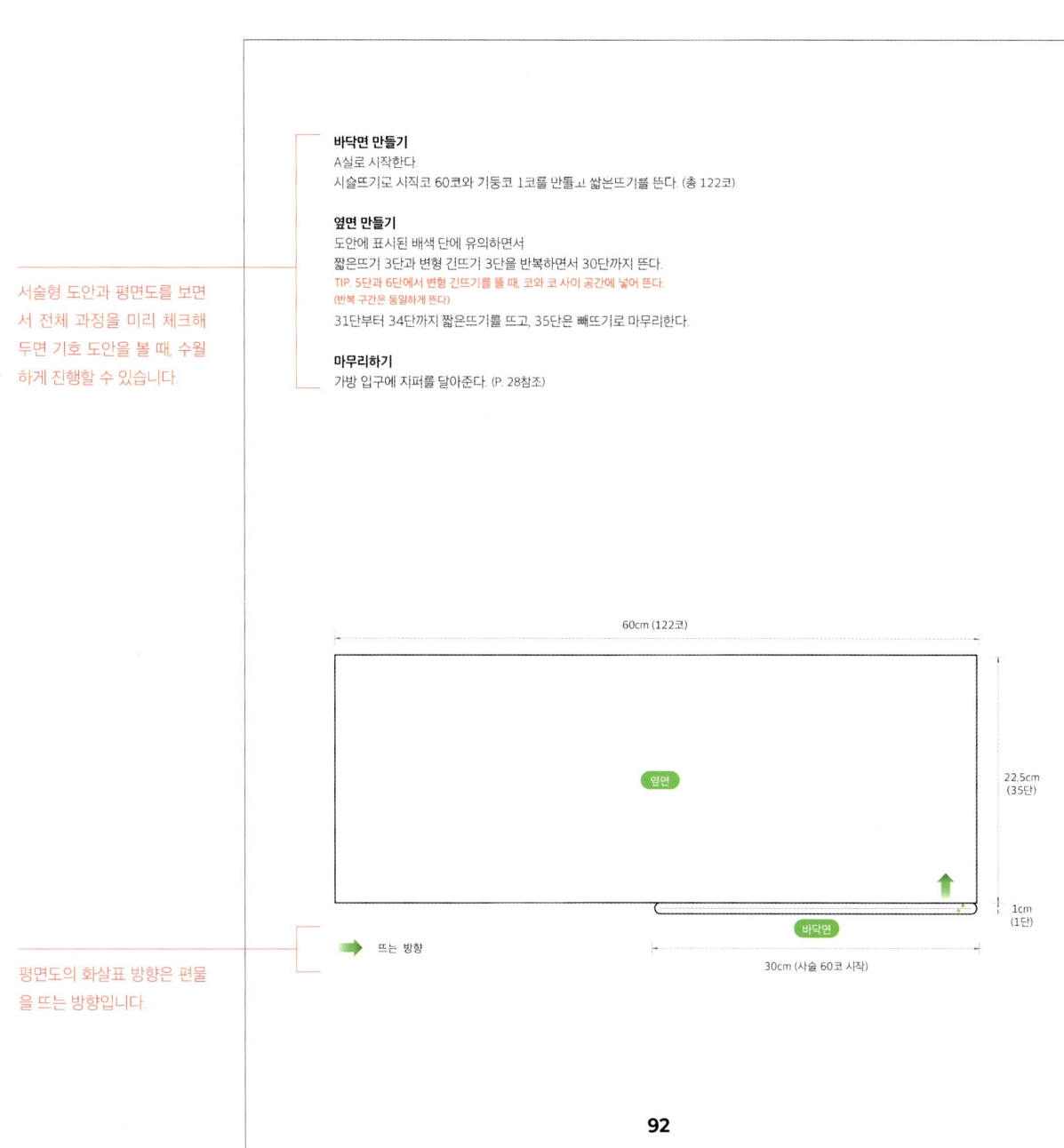

바닥면 만들기
A실로 시작한다.
사슬뜨기로 시작코 60코와 기둥코 1코를 만들고 짧은뜨기를 뜬다. (총 122코)

옆면 만들기
도안에 표시된 배색 단에 유의하면서
짧은뜨기 3단과 변형 긴뜨기 3단을 반복하면서 30단까지 뜬다.
TIP. 5단과 6단에서 변형 긴뜨기를 뜰 때, 코와 코 사이 공간에 넣어 뜬다.
(반복 구간은 동일하게 뜬다)
31단부터 34단까지 짧은뜨기를 뜨고, 35단은 빼뜨기로 마무리한다.

마무리하기
가방 입구에 지퍼를 달아준다. (P. 28참조)

서술형 도안과 평면도를 보면
서 전체 과정을 미리 체크해
두면 기호 도안을 볼 때, 수월
하게 진행할 수 있습니다.

60cm (122코)

옆면

22.5cm
(35단)

1cm
(1단)

바닥면

30cm (사슬 60코 시작)

➡ 뜨는 방향

평면도의 화살표 방향은 편물
을 뜨는 방향입니다.

92

34

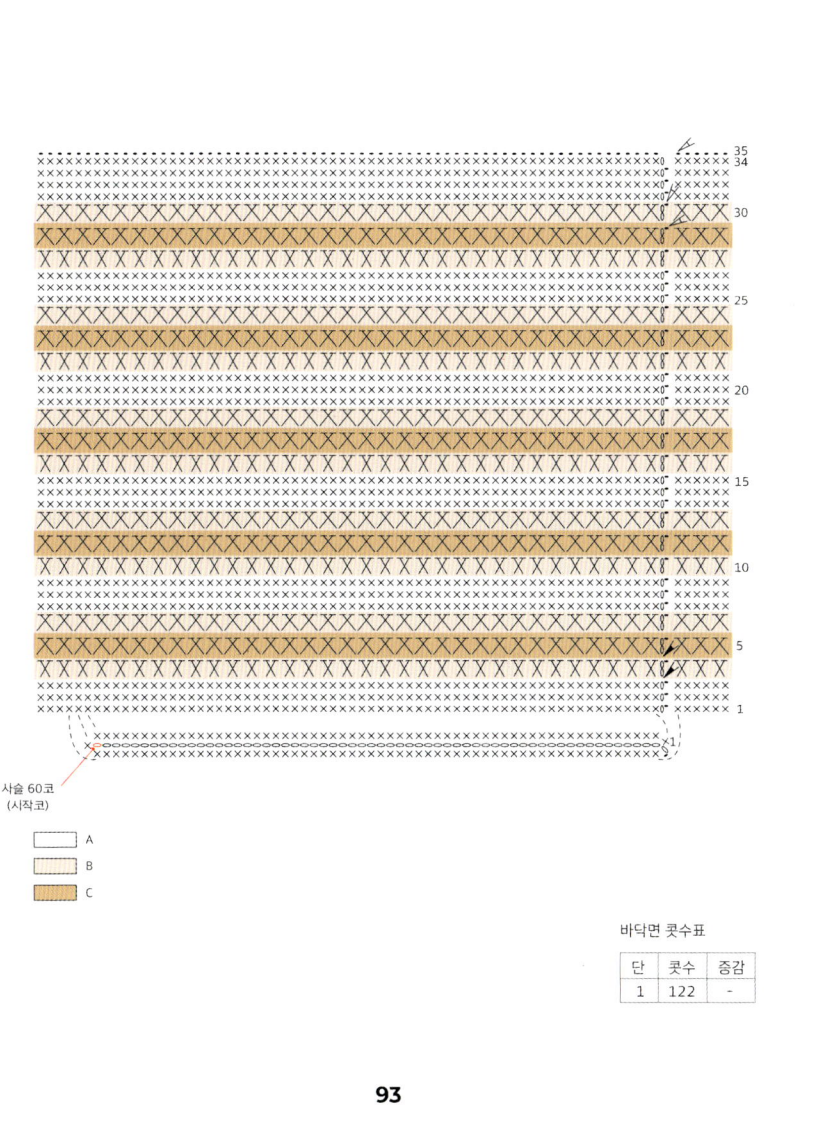

사슬 60코
(시작코)

<table>
<tr><td style="background:#ffffff"></td><td>A</td></tr>
<tr><td style="background:#f5ead2"></td><td>B</td></tr>
<tr><td style="background:#d4a94e"></td><td>C</td></tr>
</table>

바닥면 콧수표

단	콧수	증감
1	122	-

93

배색 팔레트 추천

가방을 뜰 뜨개실을 선택할 때만큼 고민되는 순간이 있다면
바로 실의 색상을 정할 때가 아닐까요?
가방에 들어가는 색을 배색할 때 알아두면 유용하게 쓰일 팁을 소개하니,
꼭 기억해 두세요.
명도는 색의 밝기, 채도는 색의 선명한 정도를 말합니다.

명도

보통 명도는 10단계 이상 여러 단계로 표시하지만,
여기서는 뜨개실의 명도를 1단계(흰색)에서 5단계(검정)로 요약해서 설명할게요.

밝다
(명도 높다) ⇐ 1 2 3 4 5 ➡ 어둡다
(명도 낮다)

채도

팔레트에 물감을 처음 덜었을 때의 상태를 높은 채도, 즉 원색의 컬러를 생각하면 돼요.
다른 색을 섞어서 연해지거나 진해진 상태를 낮은 채도, 파스텔 컬러라고 부릅니다.

3 → 선명한 원색(채도 높다)

4 → 진한 파스텔(채도 낮다)

2 → 연한 파스텔(채도 낮다)

3 → 선명한 원색(채도 높다)

<h1 style="text-align:center">1</h1>

캐주얼 배색 팔레트

명도 2, 3, 4단계의 배색으로 조화로운 느낌을 주는 컬러 조합입니다.

유사한 컬러끼리 모여 자연스러우면서 익숙한 느낌을 주므로 마음이 편안하고 차분해집니다.

자연에서 온 소재인 라피아, 리넨으로 뜨개를 한다면 캐주얼 배색 팔레트를 활용해 보세요.

잠시 쉬어갈 마음의 안식처가 생긴 것처럼 여유로운 기분이 드는 가방을 만들 수 있을 거예요.

색상칩 하단의 숫자는 명도의 단계입니다.

2
로맨틱 배색 팔레트

사랑에 빠지고 싶은 무드의 컬러 조합입니다. 봄바람이 불어오면 분홍빛 벚꽃나무가 떠오르죠.
핑크빛 봄의 기운을 가방에 담고 싶을 때,
퍼프 소매와 시폰 소재의 의상에 어울리는 가방을 만들고 싶을 때
로맨틱 배색 팔레트를 떠올려 보세요.
나긋나긋한 기분이 드는 이 팔레트 조합으로 가방을 만들면 장밋빛 하루가 기대될 거예요.

3
모던 시크 배색 팔레트

흰색, 검정색, 회색 등의 무채색 컬러 조합입니다.

기본 컬러라고 불리는 심플한 배색이라 실패할 확률이 적은 편이지요.

도시적인 느낌으로 차갑지만 신뢰감을 주는 세련된 팔레트입니다.

가장 베이직한 색감으로 트렌드를 타지 않아, 이 팔레트를 활용해 만든 가방은 오랫동안 사용할 수 있어요.

고급스럽고 감각적인 분위기를 연출하고 싶은 날에 추천하는 배색 팔레트입니다.

자주 하는 질문과 답변
Q&A

_____

니팅맘 작업실을 운영하면서 수강생 분들이 가장 많이
고민하고 물어보았던 질문과 답변을 소개합니다.

Q   선생님, 저는 어떤 가방을 떠야 할지 모르겠어요.

A   뜨개 가방 작품은 내가 평소에 잘 들고 다닐 수 있는 가방으로 정하는 것이 좋아요.
가방의 사이즈, 용도에 대해 먼저 고민해 보면 어떨까요.
동네를 산책하는 용도로 간단한 소지품을 넣을 가방이 필요하다면 미니백을,
이것저것 담을 큰 가방이 필요하다면 라지백을,
가방끈 길이가 짧은 토트백이 좋을지 양손이 자유로운 숄더백이 좋을지도 한번 생각해 보세요.
우선 내가 원하는 디자인으로 가방 본체를 만들고, 가방끈의 길이를 정해서 마무리하면,
실용적이면서도 다양하게 활용할 수 있는 멋진 가방을 완성할 수 있답니다.

Q   가방을 뜰 색을 못 고르겠어요. 이 색이 예뻐요? 이 색은 어떨까요?

A   오랫동안 꾸준히 들고 싶은 가방을 생각한다면 내추럴한 컬러나 모노톤을 추천해요.
기본적인 컬러의 베이직한 아이템은 성공률이 높아요.
평소 내가 자주 입는 스타일을 참고해 앞의 '배색 팔레트 추천'에서 색상을 골라 보아도 좋아요.
특히 평소 내 옷장 속에 많은 비중을 차지하는 색을 들여다보세요. 거기에 정답이 숨어 있어요.
트렌드에 민감하다면 올해의 팬톤 컬러를 한번 찾아 보세요.
해마다 유행하는 컬러를 찾아 가방을 직접 만들어 보는 일도 즐거움이죠.
나만의 색으로 만든 가방을 가지고 싶다면 내가 고른 뜨개실에만 있는 독특한 색상을 선택해 보세요.
저는 새로운 뜨개실이 나오면 그 뜨개실에서만 볼 수 있는 색상이 무엇인지를 유심히 살펴보고
그 색상을 선택해서 작품을 만들곤 한답니다.

Q   뜨개 가방을 만드려면 어떤 종류의 실을 선택해야 할까요?

A   봄, 여름 가방에 추천하는 실로는 리넨, 페이퍼얀, 햄프얀처럼 시원하고 가벼운 느낌의 뜨개실이 있어요.
가을, 겨울 가방이라면 따뜻한 느낌의 패브릭얀, 면실, 울실 등이 어울리겠죠.
뜨개가 처음인 분들에게는 모사용 코바늘 5/0호~ 7/0호를 사용하는 굵기의 뜨개실을 추천해요.
뜨개코가 잘 보이고 손목에 무리가 가지 않는 실로는 부드러운 면실이나 패브릭얀 등이 있어요.
점보 코바늘 10mm 이상을 사용해서 뜨는 두꺼운 패브릭얀은 짧은 시간 내에 완성할 수 있고
뜨개코가 잘 보이는 장점이 있지만, 아직 코바늘 요령이 없는 초보자에게는
손목에 무리를 줄 수 있어서 피하는 것이 좋아요.
페이퍼얀은 탄성이 없는 실이에요.
초보자들은 손의 힘이 일정하지 않기에 편물의 형태가 반듯하지 않을 수 있어요.
왕초보가 접근하기에는 어려울 수 있는 종류의 실이니 참고하세요.
뜨개가 처음에는 어렵게 느껴지겠지만, 꾸준히 연습하다 보면
손의 힘도 일정해지고 내가 좋아하는 실도 발견하게 될 거예요.
너무 걱정하지 말고, 설레는 마음으로 뜨개를 시작해 보세요.

MAKE CROCHET

뜨개 가방 만들기

Baguette Bag

How to make — P. 86

Nomad Clutch

How to make — P. 90

How to make — P. 94

Secret Garden Bag

Memory Bag

How to make — P. 100

How to make — P. 106

Forest Bag

How to make — P. 110

Bonjour Bag

How to make — P. 114

How to make — P. 118

Sunset Bag

How to make — P. 124

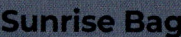

Sunrise Bag

How to make — P. 128

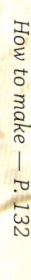

Midnight Bag

How to make — P. 132

Milky Way Bag

How to make — P. 136

Multi Mini Mochila Bag

How to make — P. 144

Domino Small Mochila Bag

How to make — P. 150

Indian Medium Mochila Bag

How to make — P. 156

Aztec Large Mochila Bag

How to make — P. 164

Matisse Bag

How to make — P. 174

Shark Bag

How to make — P. 178

Klimt Bag

How to make — P. 182

Frankine Bag

How to make — P. 188

Natural beige

내추럴 베이지

책에 실린 작품의 DIY 키트를 구매할 수 있어요.

바쁜 일상 속에서 잠시 쉬어가고 싶을 때,
자연과 마주하는 평화로운 시간을 꿈꾼 적이 있어요.
하지만 멀리 떠나기에는 우리를 둘러싼 상황이 여의찮을 때가 많지요.
그럴 때는 주말 아침, 집 앞에 있는 빵집에 들러 보세요.
내추럴한 무드의 가방에 바게트를 넣고 자전거를 타고, 동네 한 바퀴 산책해 봐요.
매일 보던 곳이라 익숙한 것 같지만, 다른 각도로 보면 전에는 알아채지 못했던
아름답고 소박한 풍경들을 만나게 될 거예요.

이 챕터에서는 캐주얼 베이지의 조화로움을 느낄 수 있는 4종의 가방을 소개합니다.
이 챕터에 실린 가방들은 힘 있고 단단한 면사와
강도 높은 식물성 섬유 마 소재를 사용했어요.
서로 다른 소재지만, 베이지 톤으로 통일해 차분함을 주었어요.
내추럴한 컬러의 배색 그리고 편안함과 부드러움을 주는 디자인으로
보면 볼수록 정감 있어, 오랫동안 함께하고 싶은 가방입니다.

바게트 백
Baguette Bag

두껍고 힘 있는 면사를 사용해서 뜨개코가 돋보이는 바게트백.
여유로운 주말 아침, 가까운 공원으로 피크닉을 떠나고픈 마음이 드는 가방입니다.
베이지 톤으로 편안하면서 내추럴한 느낌을 강조했어요.

실

A. 오선 (1볼 80g, 702 베이지혼합) 4볼
B. 오선 (1볼 80g, 652 연베이지) 1볼

바늘

모사용 코바늘 10/0호,
점보 코바늘 10mm, 돗바늘

사이즈

가로 가로 39cm x 세로 19cm

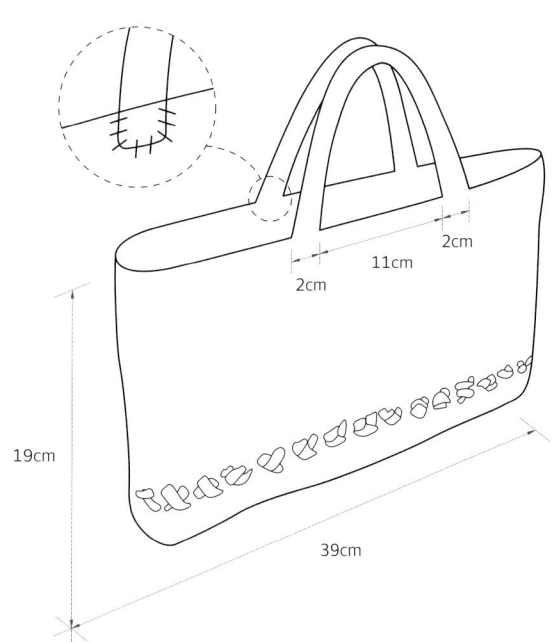

⬭	사슬뜨기
✕	짧은뜨기
⤬	겹짧은뜨기(이중 짧은뜨기)
✕	변형 긴뜨기(교차뜨기)
⬬	빼뜨기
⟋	실 연결하기
⟋	실 자르기

바닥면 만들기

A실 1겹을 10/0호로 뜬다.
사슬뜨기로 시작코 8코와 기둥코 1코를 만들고
짧은뜨기를 뜬다.
편물을 돌려가며 34단까지 뜬다.

옆면 만들기

도안에 표시된 위치에서 옆면을 시작한다.
기둥코 1코를 세우고 바닥면의 둘레를 돌면서
짧은뜨기 84코를 뜬다.
2단부터 5단까지는 겹짧은뜨기와 짧은뜨기를
2단씩 2회 반복하고 6단은 겹짧은뜨기로 뜬다.
7단은 B실로 변형 긴뜨기를 뜬다. (p. 25 참조)
A실로 8단부터 29단까지 짧은뜨기와
겹짧은뜨기를 2단씩 반복하면서 뜬다.

손잡이 만들기

B실을 2겹으로 합쳐서 점보 코바늘 10mm로 뜬다.
새우뜨기로 25cm, 2개를 뜬다. (P. 28 참조)

마무리하기

도안에 표시된 위치에 손잡이를 돗바늘을 사용해
감침질로 연결한다.

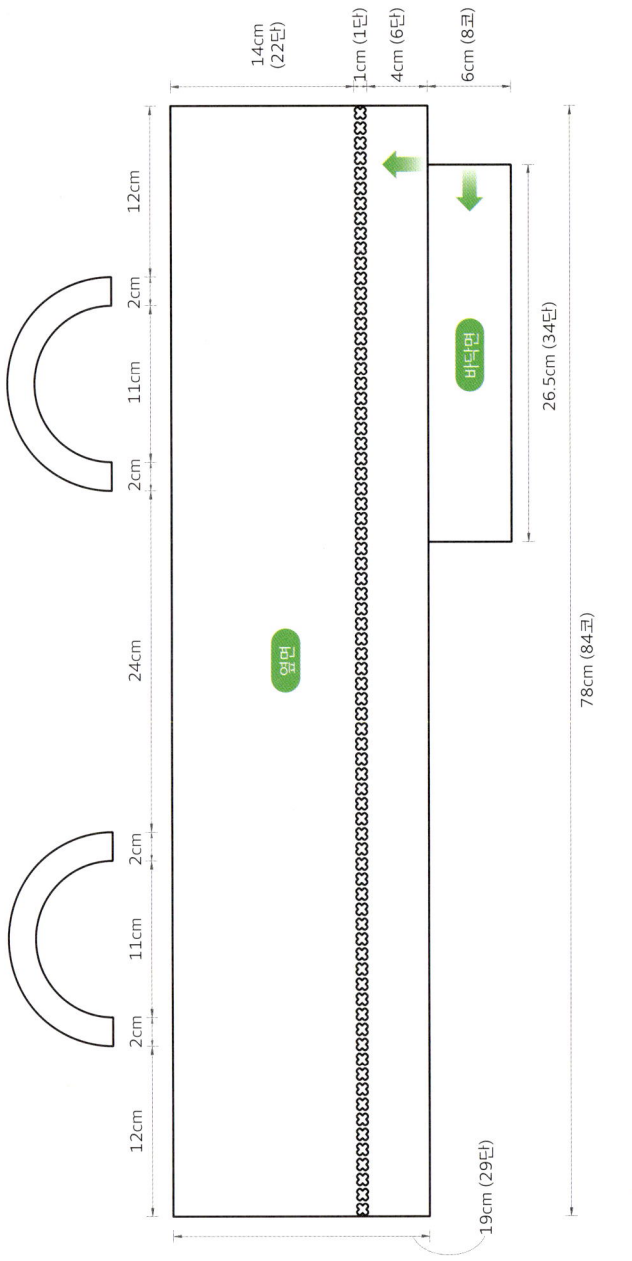

본체 (바닥면+옆면)

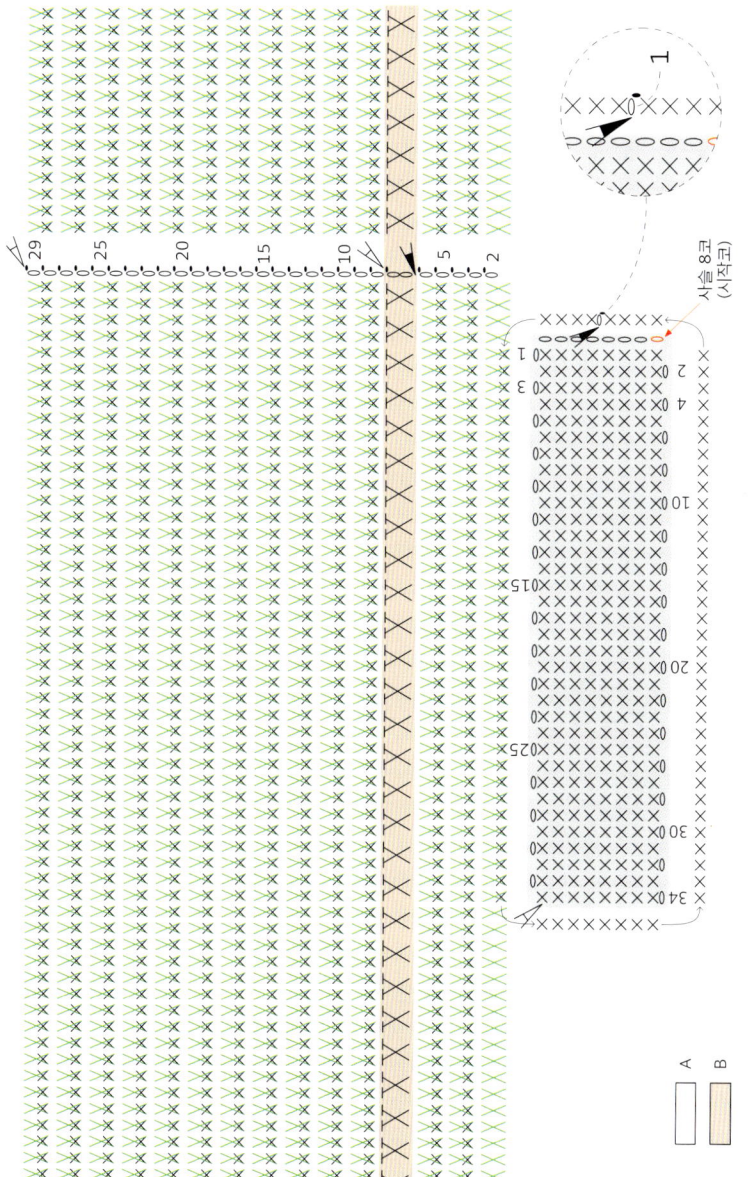

사슬 8코
(시작코)

A
B

89

노마드 클러치
Nomad Clutch

면사와 햄프사로 만든 부드러운 베이지색의 노마드 클러치입니다.

서로 다른 느낌의 소재지만 조화롭게 어울려 통일감이 있지요.

싱그러운 풀 내음이 가득한 날, 간단한 소지품을 넣고 테라스에서 커피 한 잔의 여유를 즐겨 볼까요?

실

A. 선셋 (1볼 60g, 160 라떼 더블컬러) 2볼
B. 선셋 (1볼 60g, 152 피넛브라운) 2볼
C. 마닐라햄프얀 (1볼 20g, 507 라떼) 2볼

바늘

모사용 코바늘 6/0호, 돗바늘

부자재

지퍼 30cm

사이즈

가로 30cm x 세로 22.5cm

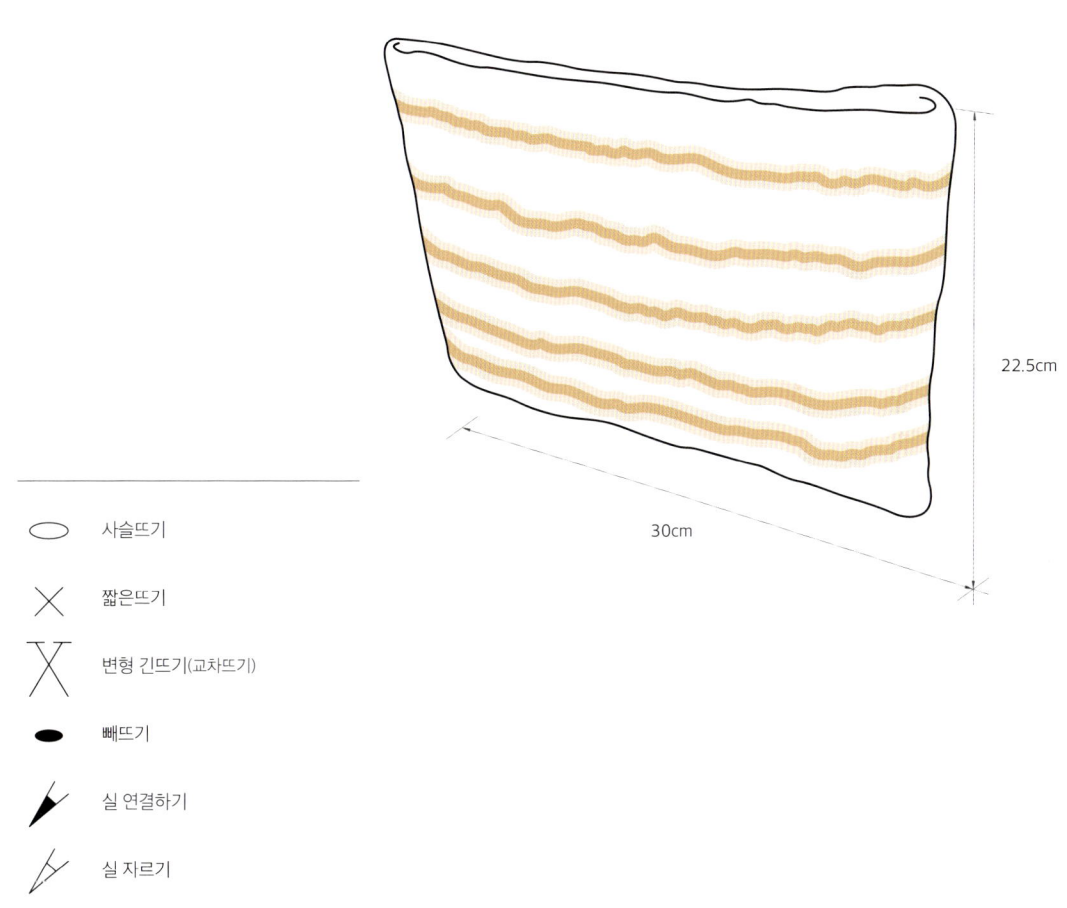

22.5cm

30cm

⬭	사슬뜨기
✕	짧은뜨기
⋈	변형 긴뜨기(교차뜨기)
⬬	빼뜨기
⬊	실 연결하기
⬊	실 자르기

바닥면 만들기

A실로 시작한다.

사슬뜨기로 시작코 60코와 기둥코 1코를 만들고 짧은뜨기를 뜬다. (총 122코)

옆면 만들기

도안에 표시된 배색 단에 유의하면서

짧은뜨기 3단과 변형 긴뜨기 3단을 반복하면서 30단까지 뜬다. (p. 25 참조)

TIP. 5단과 6단에서 변형 긴뜨기를 뜰 때, 코와 코 사이 공간에 넣어 뜬다.

(반복 구간은 동일하게 뜬다)

31단부터 34단까지 짧은뜨기를 뜨고, 35단은 빼뜨기로 마무리한다.

마무리하기

가방 입구에 지퍼를 달아준다. (P. 28 참조)

60cm (122코)

옆면

22.5cm
(35단)

바닥면

1cm
(1단)

뜨는 방향

30cm (사슬 60코 시작)

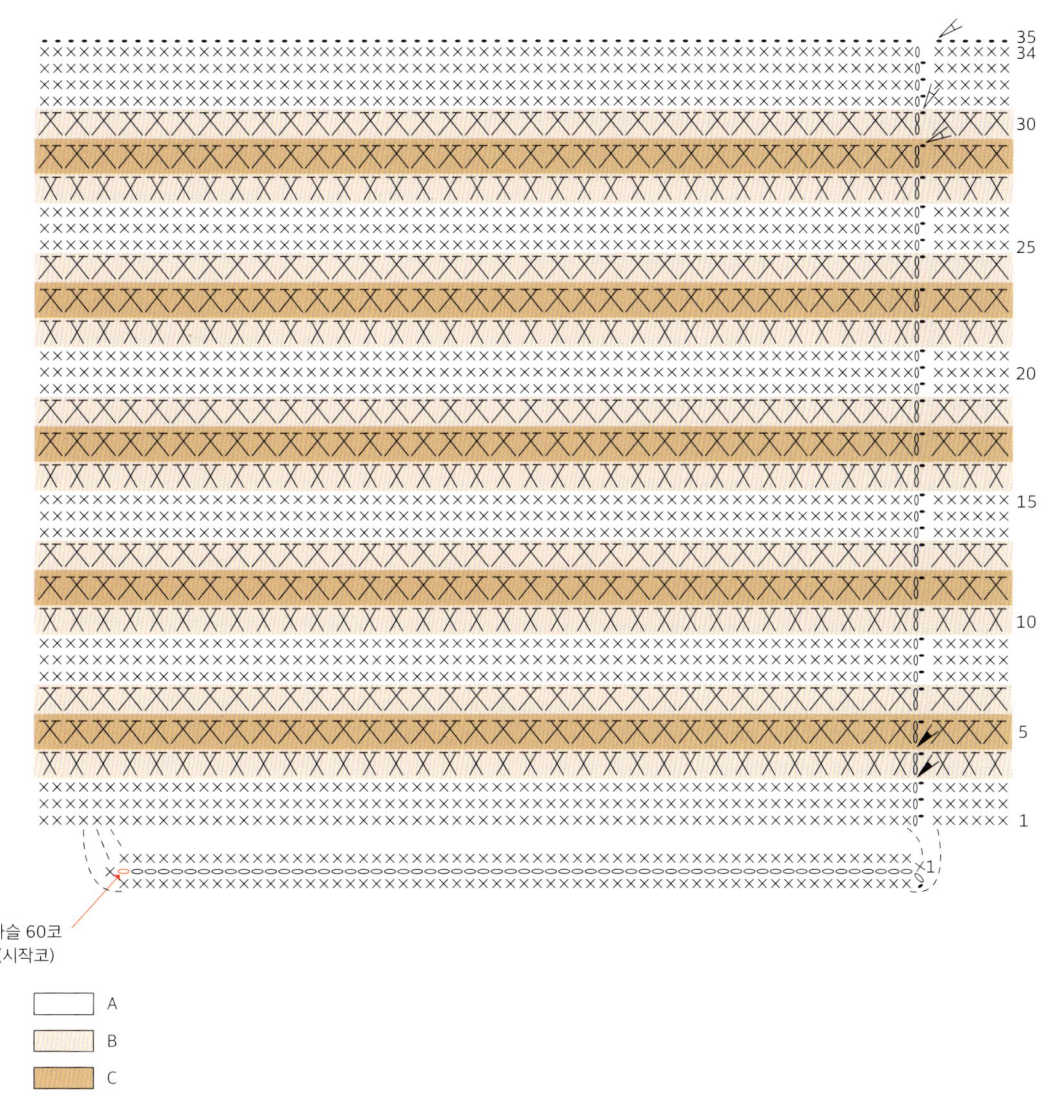

사슬 60코
(시작코)

□ A
▨ B
▨ C

바닥면 콧수표

단	콧수	증감
1	122	−

시크릿 가든백
Secret Garden Bag

차분하고 서정적인 컬러에 원형 바닥으로 귀여움과 경쾌함까지 더한 시크릿 가든백.
풀밭 사이사이, 향기를 뿜어대는 꽃들과 어울려요.
나만의 시크릿 가든이 있다면 가방을 들고 한번 떠나 볼까요?

실

A. 선셋 (1볼 60g, 160 라떼 더블컬러) 3볼
B. 마닐라햄프얀 (1볼 20g, 507 라떼) 3볼

바늘

모사용 코바늘 6/0호, 10/0호, 돗바늘

사이즈

가로 18cm x 세로 25cm

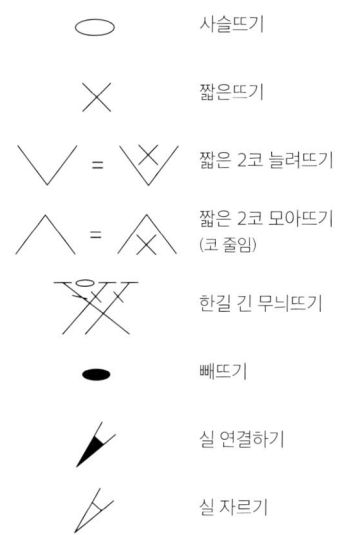

⬭		사슬뜨기
✕		짧은뜨기
⋁	=	짧은 2코 늘려뜨기
⋀	=	짧은 2코 모아뜨기 (코 줄임)
✕		한길 긴 무늬뜨기
⬤		빼뜨기
⟋		실 연결하기
⟋		실 자르기

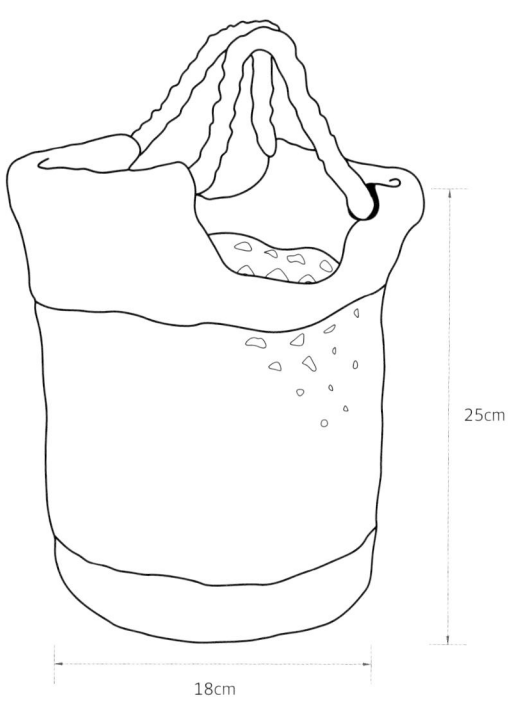

25cm

18cm

95

바닥면 만들기

A실을 6/0호로 뜬다.

원형뜨기로 시작코를 만들어 짧은뜨기를 뜬다.

16단까지 코를 늘리면서 뜬다. (총 112코)

옆면 만들기

1단부터 7단까지 짧은뜨기를 뜬다.

B실로 8단부터 18단까지 한길 긴 무늬뜨기를 뜬다. (p. 25 참조)

(1단 28무늬)

A실로 19단부터 21단까지 짧은뜨기를 뜬다.

손잡이 만들기

도안에 표시된 위치에서 손잡이 뜨기를 시작한다.

손잡이는 코를 줄이면서 4단,

5단부터 18단까지 증감 없이 뜨고 실을 자른다.

다른 한쪽도 같은 방법으로 뜬다.

실을 자르지 않고 테두리 1단을 짧은뜨기로 뜬다.

손잡이 끈 만들기

A실을 2겹으로 합쳐서 10/0호로 뜬다.

새우뜨기로 75cm 뜬다. (P. 28 참조)

마무리하기

새우뜨기로 만든 손잡이 끈의 시작과 끝부분을 감쳐서 하나로 이어준다.

도안에 표시된 감침질 위치에 맞춰 손잡이 끈을 넣고, 안쪽으로 접은 후,

돗바늘을 사용해 감침질로 연결한다.

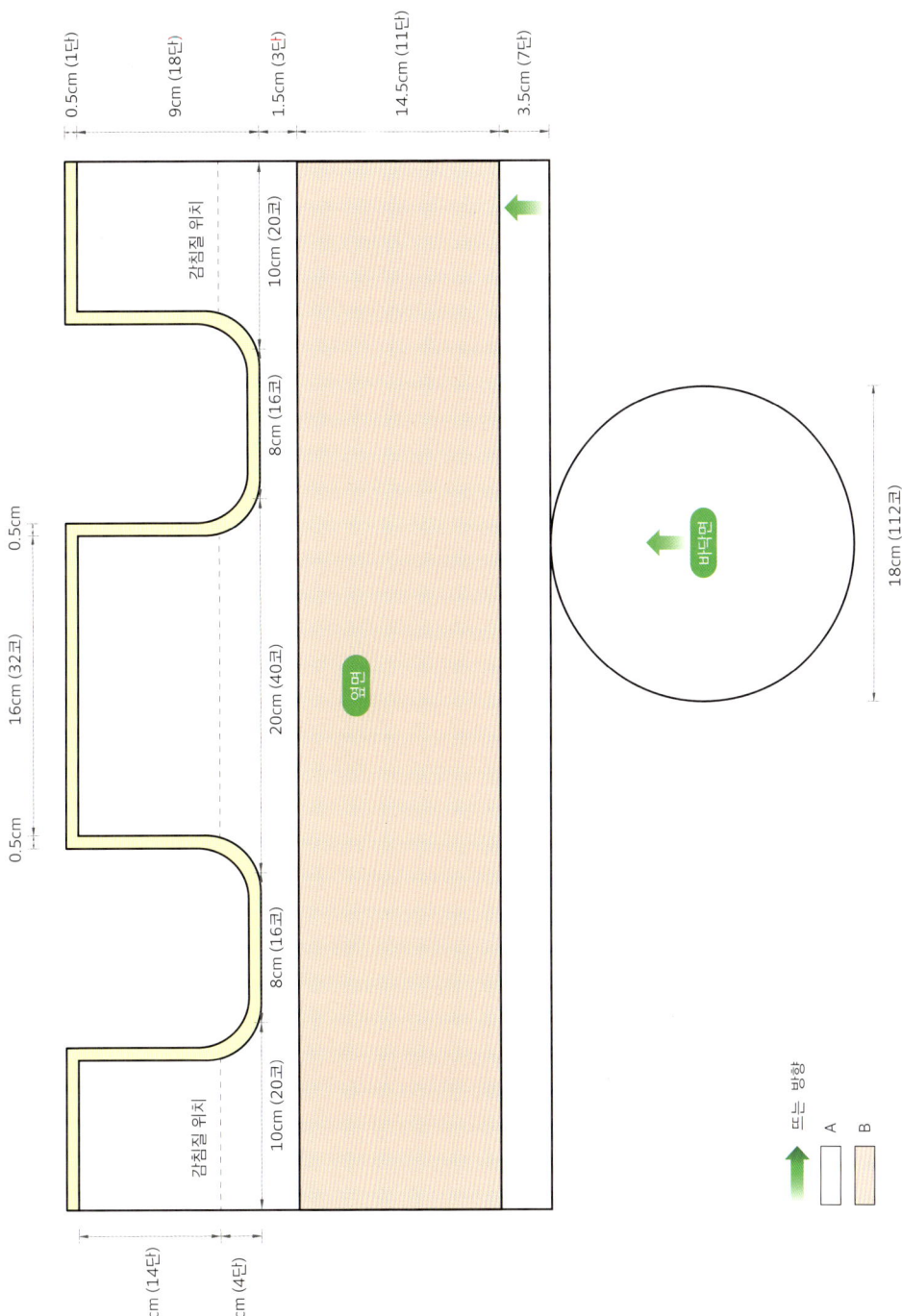

0.5cm (1단)
9cm (18단)
1.5cm (3단)
14.5cm (11단)
3.5cm (7단)

감침질 위치
10cm (20코)
8cm (16코)
0.5cm
16cm (32코)
0.5cm
8cm (16코)
10cm (20코)
감침질 위치

옆면
20cm (40코)

바닥면
18cm (112코)

7cm (14단)
2cm (4단)

뜨는 방향
A
B

97

바닥면

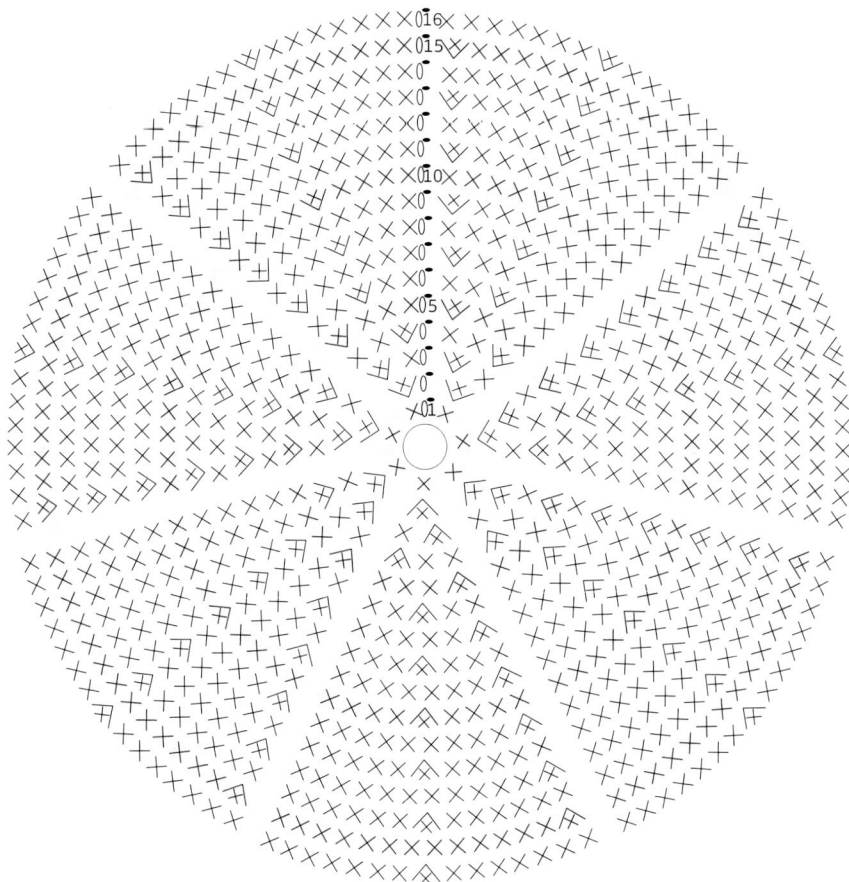

바닥면 콧수표

단	콧수	증감
1	7	-
2	14	+7
3	21	+7
4	28	+7
5	35	+7
6	42	+7
7	49	+7
8	56	+7
9	63	+7
10	70	+7
11	77	+7
12	84	+7
13	91	+7
14	98	+7
15	105	+7
16	112	+7

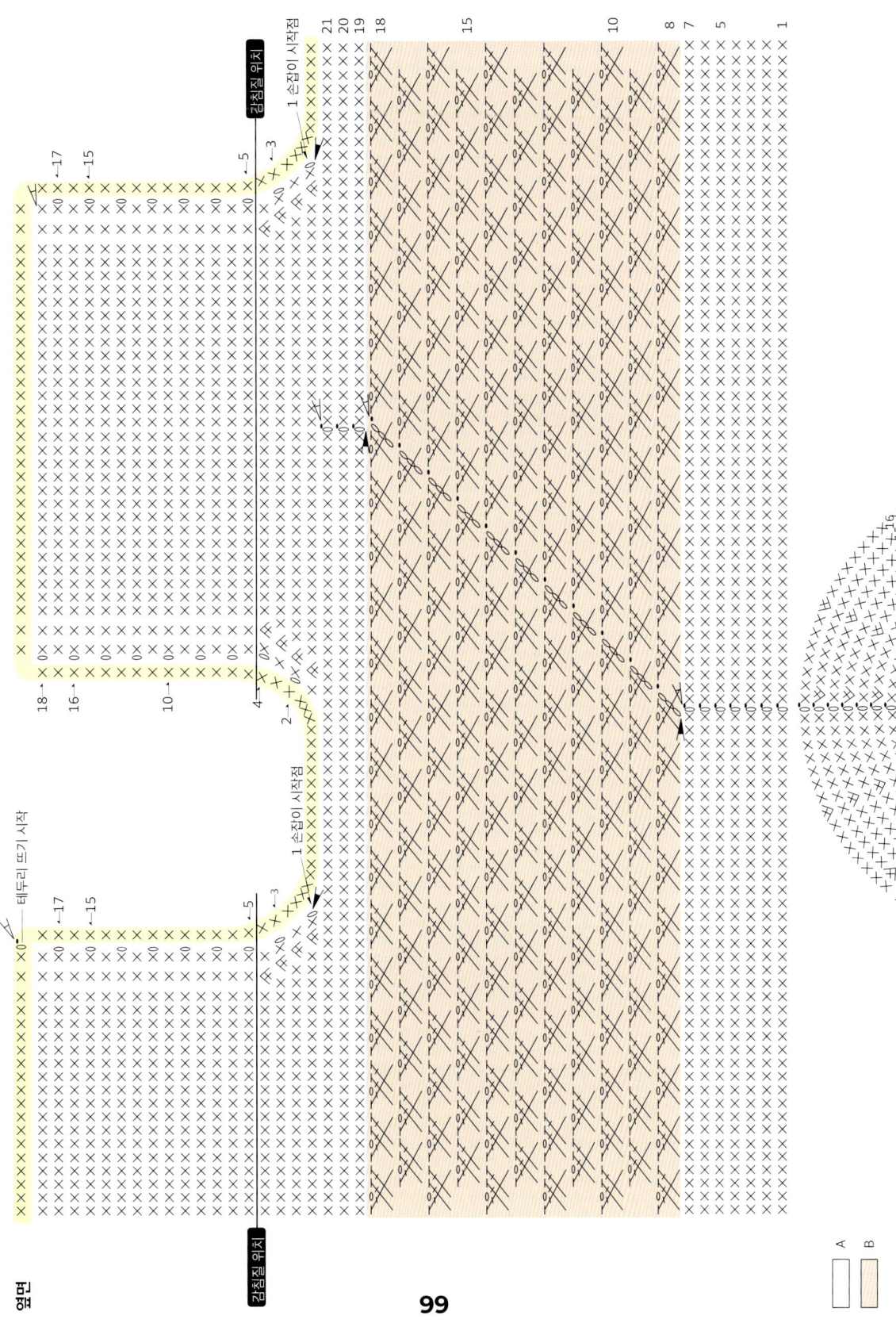

메모리백
Memory Bag

사랑하는 사람과 데이트, 친구들과 여행 등 좋은 기억을 담을 수 있는 메모리백.
소중한 추억으로 간직하고 싶은 날에 함께해요.
좋은 가방은 당신을 좋은 곳으로 데려다줄 거예요. 기대해봐요, 우리.

실

A. 선셋 (1볼 60g, 151 오트밀) 3볼
B. 선셋 (1볼 60g, 152 피넛브라운) 1볼
C. 마닐라햄프얀 (1볼 20g, 507 라떼) 1볼

바늘

모사용 코바늘 6/0호, 돗바늘

사이즈

가로 15cm x 세로 20cm x 폭 4cm

⬭	사슬뜨기
✕	짧은뜨기
⋈	변형 긴뜨기(교차뜨기)
⬬	빼뜨기
	실 연결하기
	실 자르기

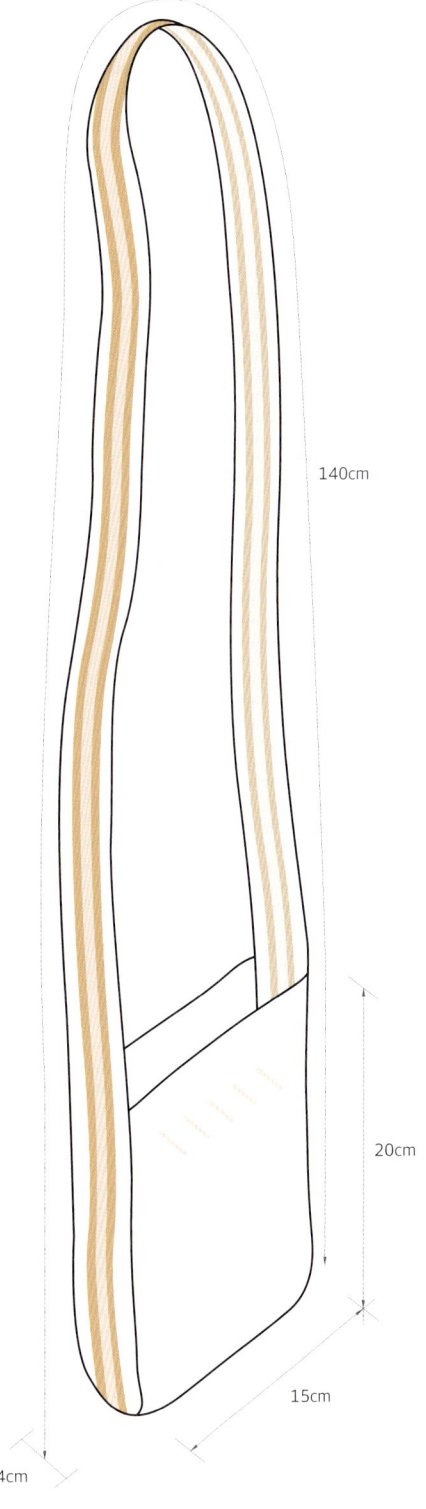

140cm

20cm

15cm

4cm

본체 만들기
A실로 사슬뜨기 시작코 30코와 기둥코 1코를 만들고
짧은뜨기를 뜬다.
편물을 돌려가며 88단까지 증감 없이 뜬다.

가방끈 만들기
매 단마다 새 실을 걸어 같은 방향으로 뜬다.
A실로 사슬뜨기 시작코 280코와 기둥코 1코를 만들어
짧은뜨기로 1단을 뜬다.
2단은 B실로 변형 긴뜨기를 뜨고 실을 자른다. (p. 25 참조)
TIP. 3단(C실)과 4단(B실)은 변형 긴뜨기를 뜰 때,
코와 코 사이 공간에 넣어 뜬다.
5단은 A실로 짧은뜨기를 뜨고 마무리한다.

본체와 가방끈 연결하기
본체와 가방끈을 안쪽끼리 마주보게 겹쳐 준다.
A실로 기둥코 1코를 세우고 짧은뜨기 88코로 연결한 후,
실을 자른다.
반대편도 같은 방법으로 연결한다.

마무리하기 (스티치)
C실로 도안에 표시된 위치를 보면서 가방 앞면에 스티치를
넣어준다.

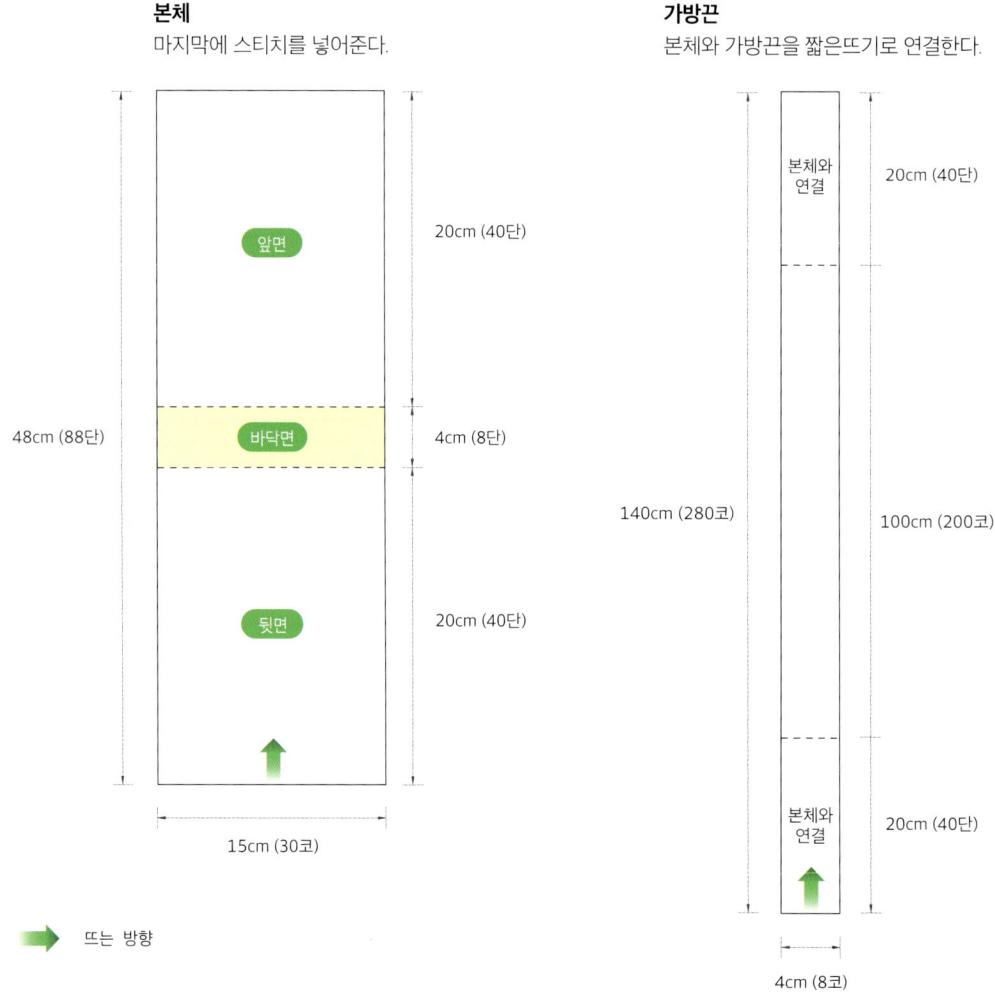

본체
마지막에 스티치를 넣어준다.

앞면

20cm (40단)

48cm (88단)   바닥면   4cm (8단)

뒷면

20cm (40단)

15cm (30코)

뜨는 방향

가방끈
본체와 가방끈을 짧은뜨기로 연결한다.

본체와
연결   20cm (40단)

140cm (280코)   100cm (200코)

본체와
연결   20cm (40단)

4cm (8코)

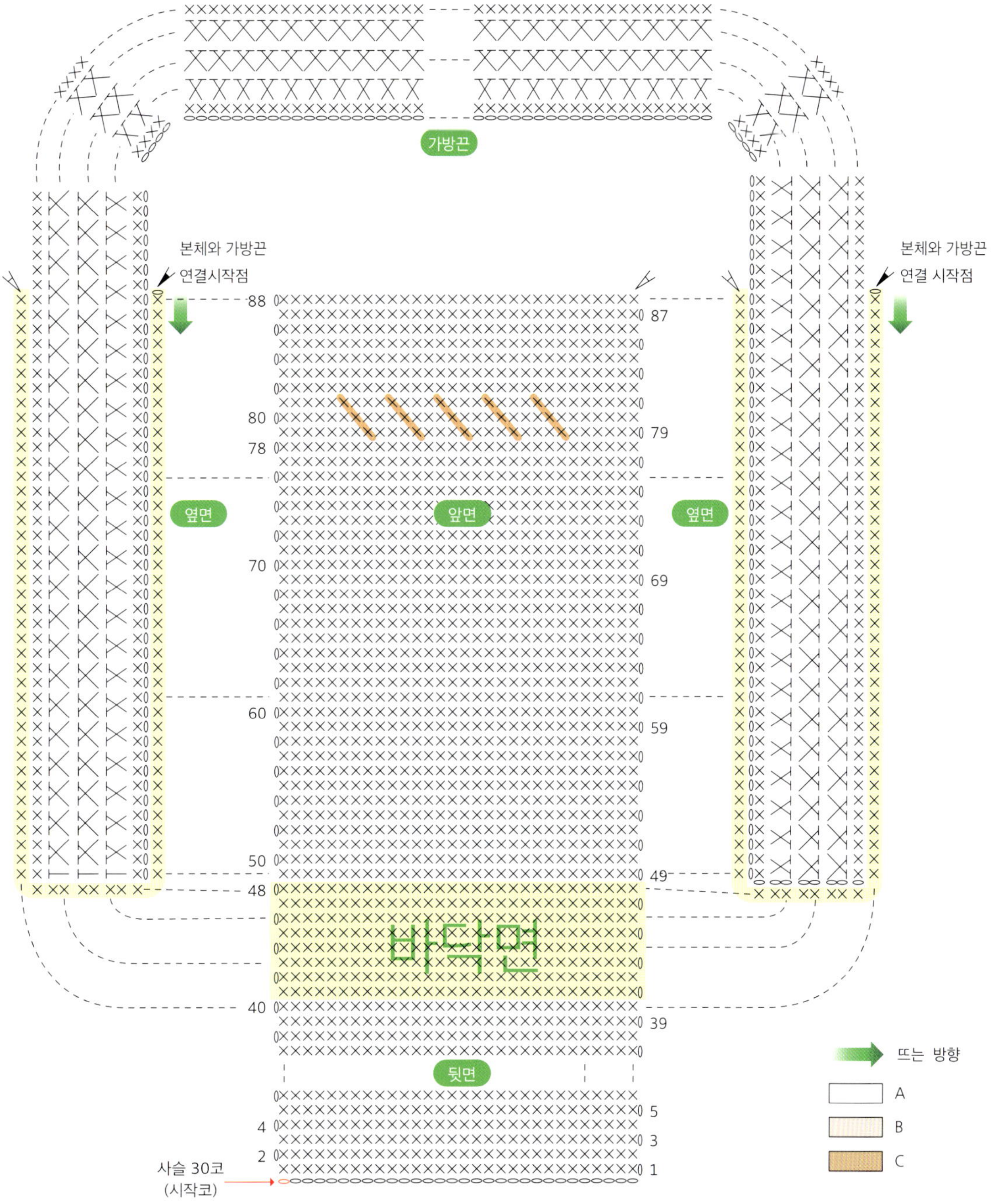

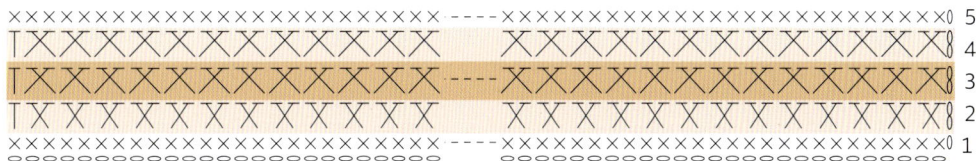

가방끈

본체와 가방끈
연결시작점

본체와 가방끈
연결 시작점

88
87

80
79
78

옆면
앞면
옆면

70
69

60
59

50
49
48

비앙끄

40
39

뒷면

4
5
3
2
1

사슬 30코
(시작코)

뜨는 방향

A
B
C

가방끈

매 단마다 새 실을 연결해서 뜬다.

5
4
3
2
1

Fresh net

프레쉬 네트

책에 실린 작품의 DIY 키트를 구매할 수 있어요.

이글이글 뜨겁게 타오르는 무더운 여름,
나무 그늘에서 휴식을 취한 경험이 있을 거예요.
태양이 내리쬐고 숨이 헉헉 차오르는 더위를 만났을 때,
시원하고 잔잔한 바람이 불어주면 얼마나 좋을까요?
보물찾기하듯이 바람이 통하는 길을 찾아 볼까요?

뜨거운 태양 아래에서 잠시 바람을 쐴 때 빛을 발하는 4종의 가방을 소개해요.
바람이 통하는 길을 담은 네트(net) 패턴으로 포인트를 준 디자인이에요.
더운 여름이 되면 생각날 가방을 함께 만나 볼까요.

코지백
Cozy Bag

스타일링하기 좋은 심플한 디자인의 코지백.
가방끈 매듭을 활용해서 원하는 끈 길이로 조절할 수 있어요.
입은 옷과 분위기에 맞게 끈 길이를 조절해서 숄더백과 크로스백으로 다양하게 활용해 보세요.

실
무지얀 (1볼 100g, 01 지백색) 2볼

바늘
모사용 코바늘 6/0호, 돗바늘

사이즈
가로 33cm x 세로 29cm

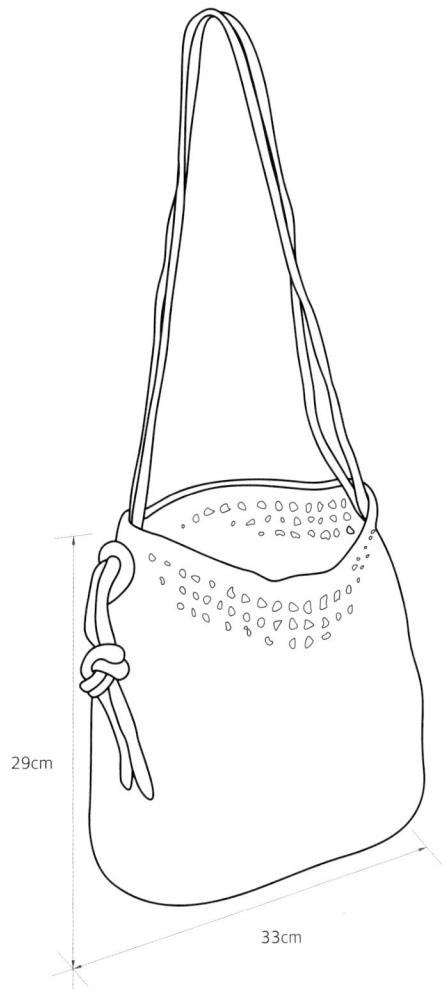

29cm

33cm

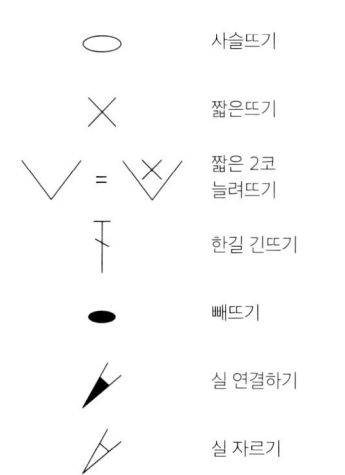

⬭	사슬뜨기
✕	짧은뜨기
⋎ = ⱅⱅ	짧은 2코 늘려뜨기
⊤	한길 긴뜨기
⬬	빼뜨기
⟋	실 연결하기
⟋	실 자르기

바닥면 만들기

사슬뜨기로 시작코 31코와 기둥코 1코를 만들고
짧은뜨기를 뜬다.
도안처럼 늘리면서 7단까지 뜬다. (총 100코)

옆면 만들기

2단과 4단은 6코씩 증가하고,
이후 40단까지 증감 없이 짧은뜨기를 뜬다.
41단부터 43단까지 한길 긴뜨기와 사슬뜨기로
무늬뜨기를 뜬다.
44단과 45단은 짧은뜨기를 뜨고,
46단은 빼뜨기로 마무리한다.

가방끈 뜨기

새우뜨기 기법으로 225cm 뜬다. (P. 28 참조)

마무리하기

도안에 표시된 위치에 가방끈을 넣어 매듭으로 연결한다.

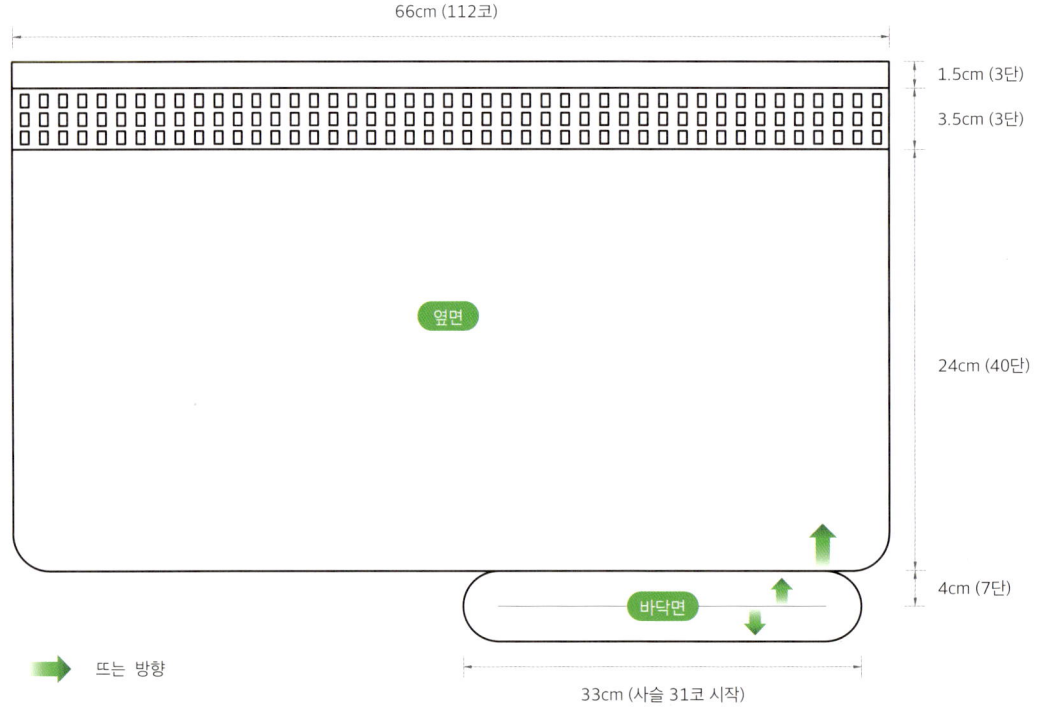

바닥면+옆면

46
45
40
35
10
5
1

사슬31코
(시작코)

옆면 콧수표

단	콧수	증감
1	100	-
2	106	+6
3	106	-
4	112	+6
5~46	112	-

바닥면 콧수표

단	콧수	증감
1	64	-
2	70	+6
3	76	+6
4	82	+6
5	88	+6
6	94	+6
7	100	+6

포레스트백
Forest Bag

바닥면부터 가방끈까지 연결된 형태의 포레스트백.

해변가와 어울리는 자연스런 실루엣을 자랑해요.

무더운 여름, 간단하게 짐을 챙겨서 떠나는 여행에 함께하는 건 어떨까요?

실
무지얀 (1볼 100g, 16 갈대색 나염) 2볼

바늘
모사용 코바늘 6/0호, 돗바늘

사이즈
가로 35cm x 세로 31cm

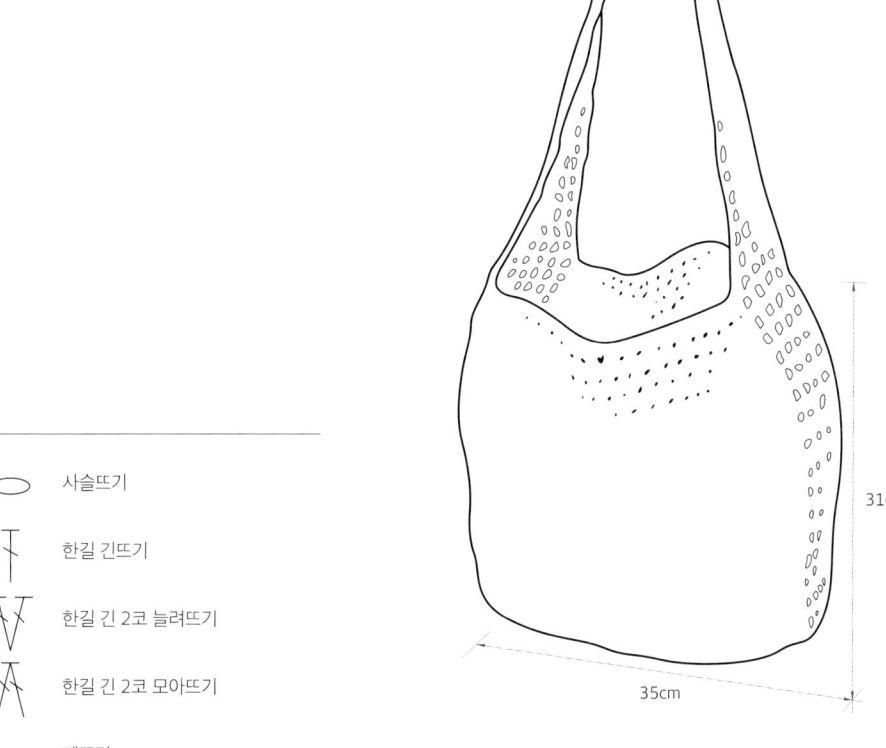

⬭	사슬뜨기
⟙	한길 긴뜨기
⩔	한길 긴 2코 늘려뜨기
⩘	한길 긴 2코 모아뜨기
⬬	빼뜨기
⟋	실 연결하기
⟋	실 자르기

바닥면 만들기

사슬뜨기로 시작코 36코와 기둥코 3코를 만들고
사슬뜨기와 한길 긴뜨기를 뜬다.
도안처럼 늘리면서 4단까지 뜬다.

옆면 만들기

1단부터 8단까지 코 늘림에 유의하면서 뜬다.
9단부터 15단까지 증감 없이 뜬다.
16단부터 23단은 코를 줄이면서 뜨고, 실을 자른다.

가방끈 뜨기

도안에 표시된 위치에 새 실을 연결하여 1단부터 46단까지
가방끈을 뜬다.

마무리하기

가방끈을 반대편 위치에 돗바늘을 사용해 감침질로 연결한다.

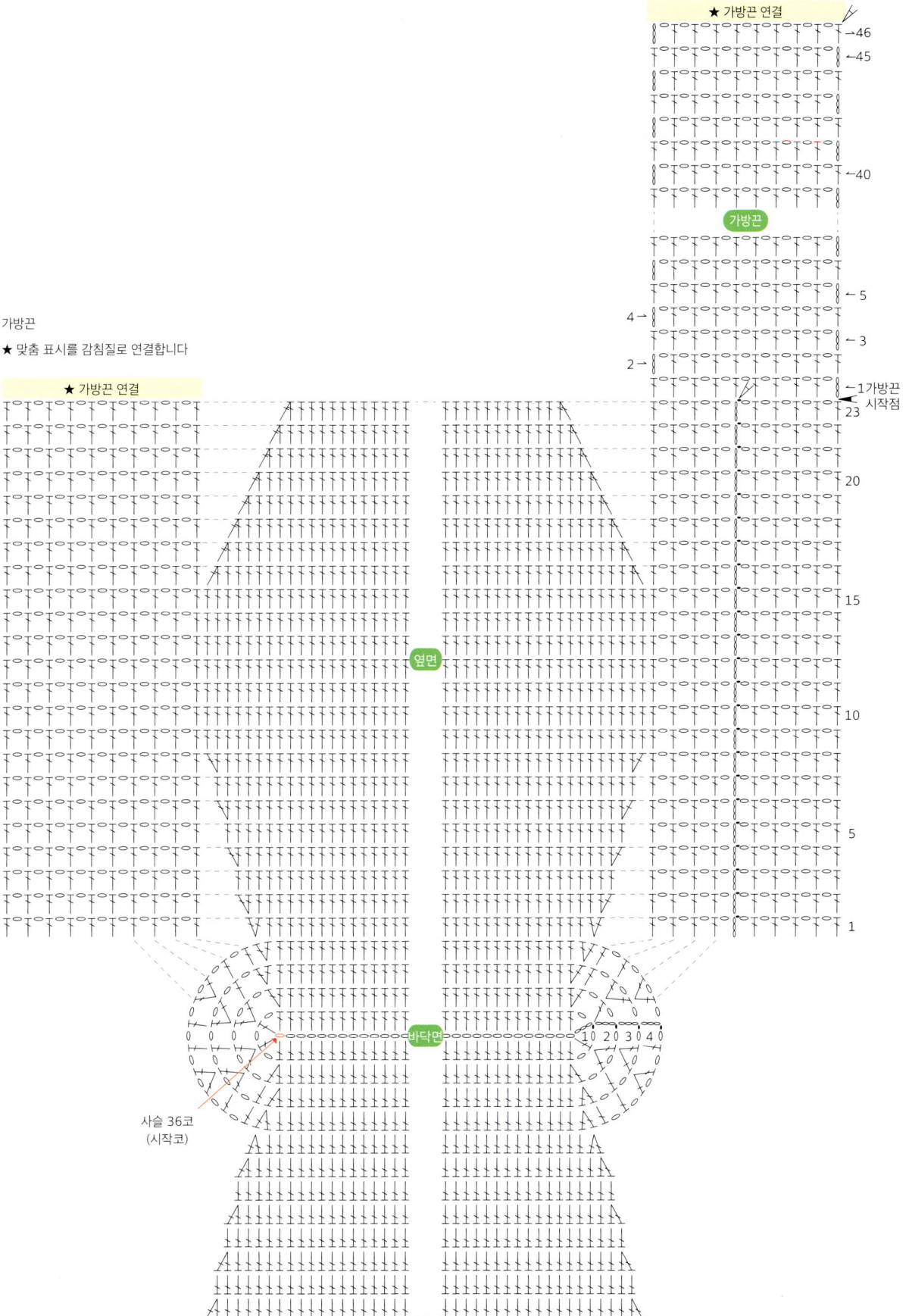

★ 가방끈 연결

→46
←45

←40

가방끈

←5
4→
←3
2→
←1 가방끈
시작점
23

가방끈

★ 맞춤 표시를 감침질로 연결합니다

★ 가방끈 연결

20

15

옆면

10

5

1

바닥면

10 20 30 40

사슬 36코
(시작코)

봉쥬르백
Bonjour Bag

속이 훤히 보여 시원한 느낌의 봉쥬르백에 컬러풀한 소지품을 넣어 센스 있게 연출해 보세요.
이 가방에는 캐주얼한 의상을 매치하면 좋아요.
한낮의 햇볕 아래에서 네트백의 느긋한 매력에 취해 볼까요.

실

A. 마닐라햄프얀

  (1볼 20g, 525 그레이) 4볼

B. 마닐라햄프얀

  (1볼 20g, 510 오브시디언) 1볼

바늘

모사용 코바늘 6/0호, 10/0호, 돗바늘

사이즈

가로 26cm x 세로 28cm

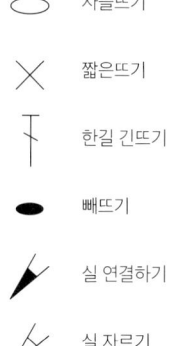

⬭	사슬뜨기
✕	짧은뜨기
⊤	한길 긴뜨기
⬮	빼뜨기
⬊	실 연결하기
⬊	실 자르기

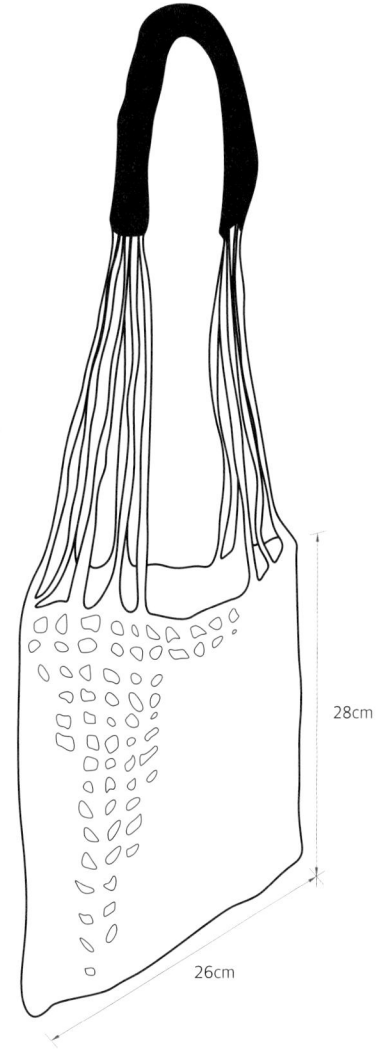

28cm

26cm

바닥면 만들기

A실을 6/0호로 뜬다.
사슬뜨기로 시작코 47코와 기둥코 1코를 만들고
짧은뜨기를 뜬다. (총 96코)

옆면 만들기

앞면은 사슬뜨기 3코로 기둥코를 세우고
사슬뜨기 2코와 한길 긴뜨기를 반복하면서 뜬다.
뒷면은 한길 긴뜨기로만 뜬다.

가방끈 만들기

지정된 위치에 A실로 사슬뜨기 110코를 뜨고
빼뜨기에 유의하면서 도안에 표시된 방향을 따라
가방끈 5줄을 만든다.
B실을 2겹으로 합쳐 10/0호로 가방끈 5줄을 감싸면서 기둥코
1코를 뜨고 짧은뜨기 40코를 뜬다.
다른 한쪽도 같은 방법으로 뜬다.

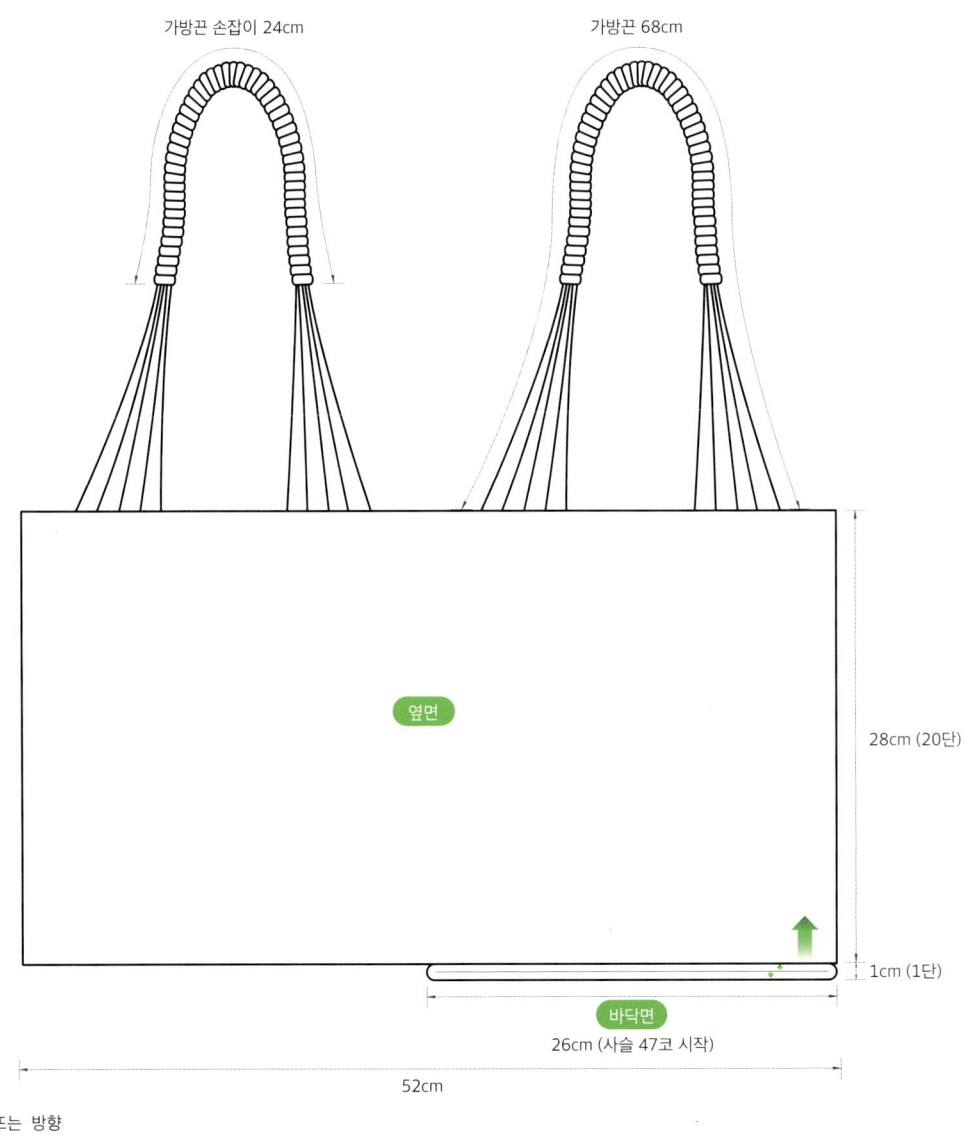

가방끈 손잡이 24cm

가방끈 68cm

옆면

28cm (20단)

1cm (1단)

바닥면
26cm (사슬 47코 시작)

52cm

뜨는 방향

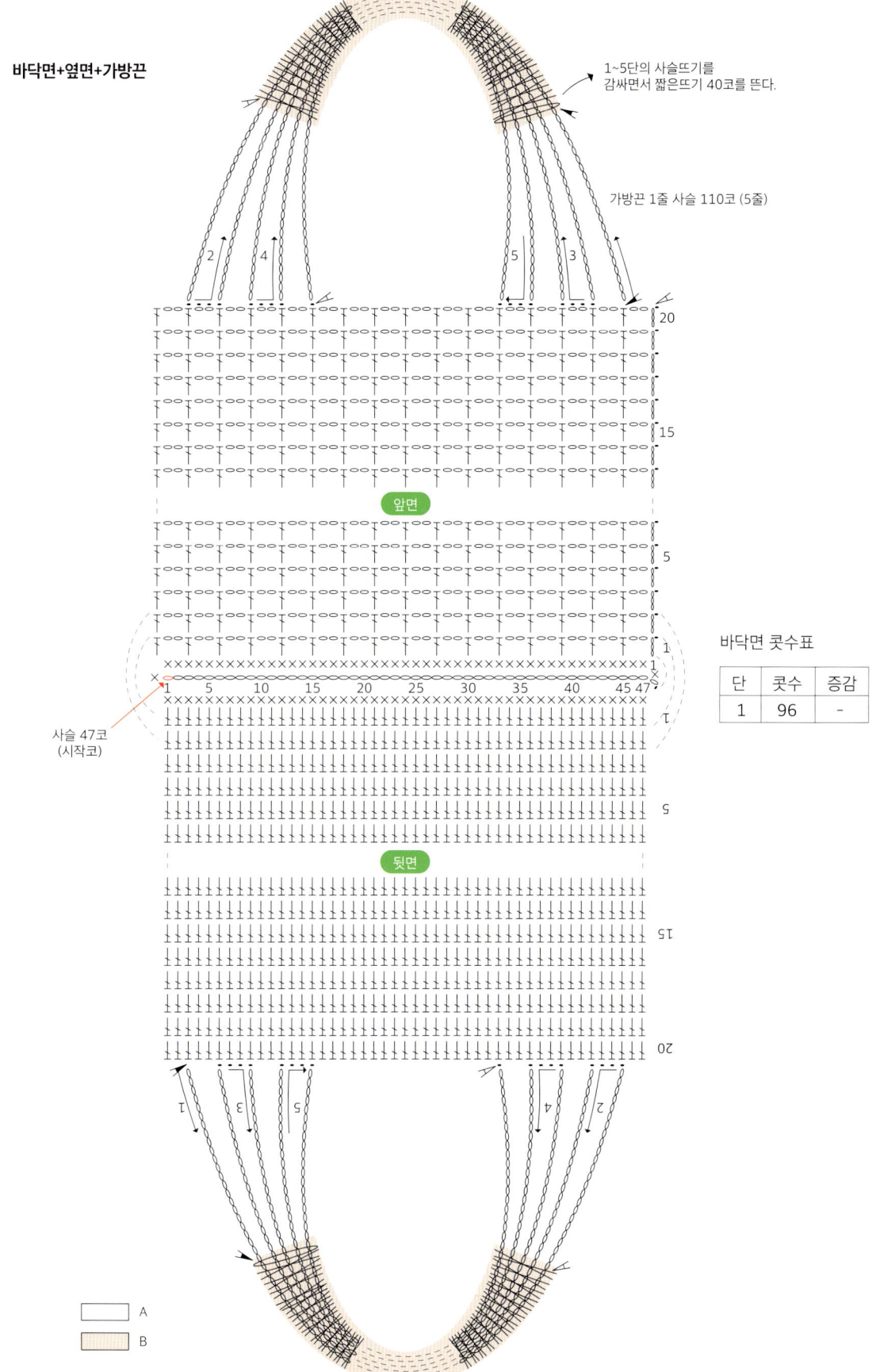

바닥면+옆면+가방끈

1~5단의 사슬뜨기를
감싸면서 짧은뜨기 40코를 뜬다.

가방끈 1줄 사슬 110코 (5줄)

2 4   5 3

앞면

뒷면

사슬 47코
(시작코)

1 5   10   15   20   25   30   35   40   45 47

바닥면 콧수표

단	콧수	증감
1	96	-

A
B

매직 카펫백
Magic Carpet Bag

동화 속 매직 카펫을 떠올리며 입체적인 뜨개 가방을 만들었어요.
물건을 담을 수 있다면 어떤 형태라도 가방으로 만들 수 있어요.
이건 마치, 코바늘과 실로 만드는 마술 쇼!

실

A. 마닐라햄프얀
   (1볼 20g, 511 아이보리) 8볼
B. 마닐라햄프얀
   (1볼 20g, 520 오렌지캠프) 1볼
C. 마닐라햄프얀
   (1볼 20g, 531 연두) 1볼

바늘

모사용 코바늘 6/0호, 돗바늘

사이즈

가로 42cm x 세로 38cm

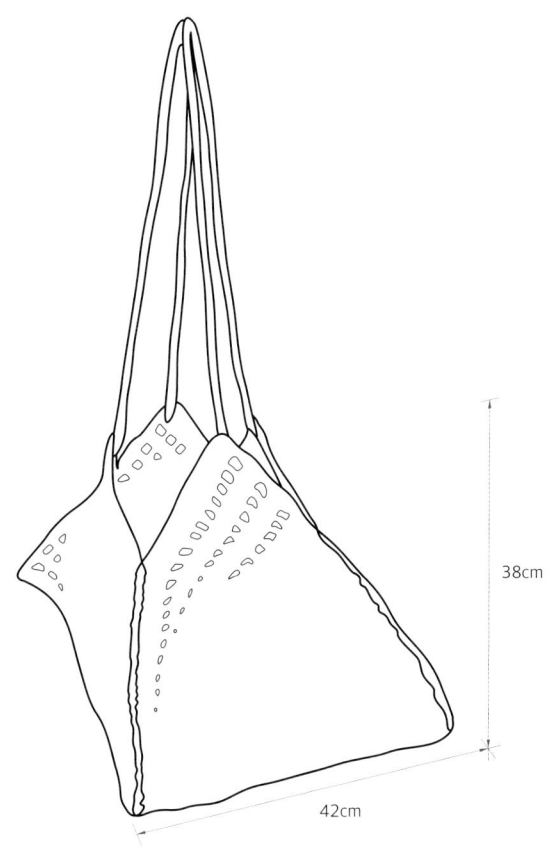

⬭	사슬뜨기
✕	짧은뜨기
𝖳	한길 긴뜨기
𝖳	한길 긴 이랑뜨기
⬬	빼뜨기
✦	실 연결하기
⚲	실 자르기

119

본체 만들기

A실로 사슬뜨기 시작코 101코와 기둥코 3코를 만들고
한길 긴뜨기를 뜬다.

2단은 사슬뜨기와 한길 긴 이랑뜨기로 뜬다.

TIP. 한길 긴 이랑뜨기는 아랫단 뜨개코 머리의 뒷사슬에
한길 긴뜨기를 뜨는 것을 말한다.

2단부터 43단까지 짝수단은 한길 긴 이랑뜨기와
사슬뜨기를 반복하고 홀수단은 한길 긴뜨기를
반복하면서 뜬다.

실을 자르지 않고 기둥코 1코를 세우고
짧은뜨기로 본체 둘레를 돌면서 짧은뜨기로 뜬다.

TIP. 테두리를 뜰 때, 옆면에서는
짧은뜨기 (3코, 2코, 2코) X 14번 반복, 짧은뜨기 3코로
총 101코를 뜬다.

가방끈 만들기

새우뜨기 기법으로 60cm, 배색실 B, C로 1개씩 총 2개를 뜬다.
(P. 28 참조)

마무리하기

본체의 4면에 중심코(51코)를 표시한다.

중심코를 기준으로 앞면끼리 마주보게 겹친 후 30코씩
감침질로 연결해준다.

두 면은 B실로, 두 면은 C실로 연결한다.

가방끈은 도안에 표시된 위치에 감침질로 연결한다.

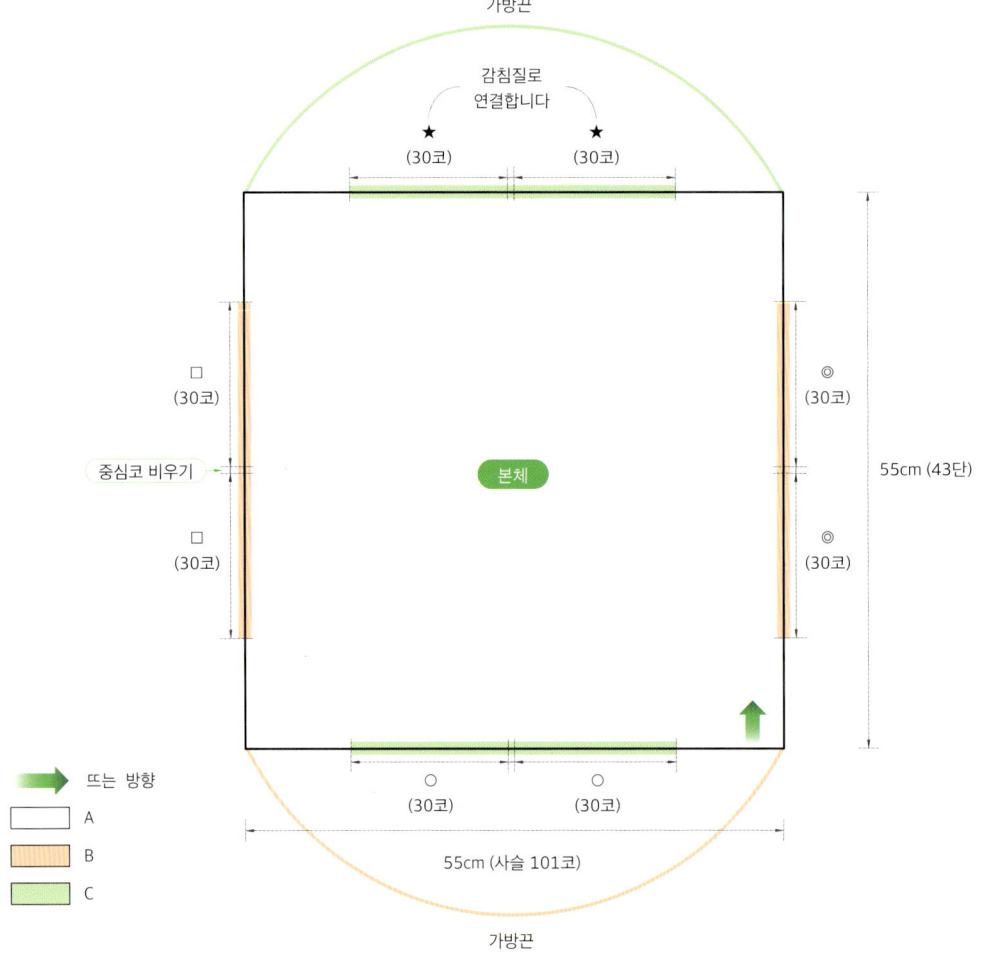

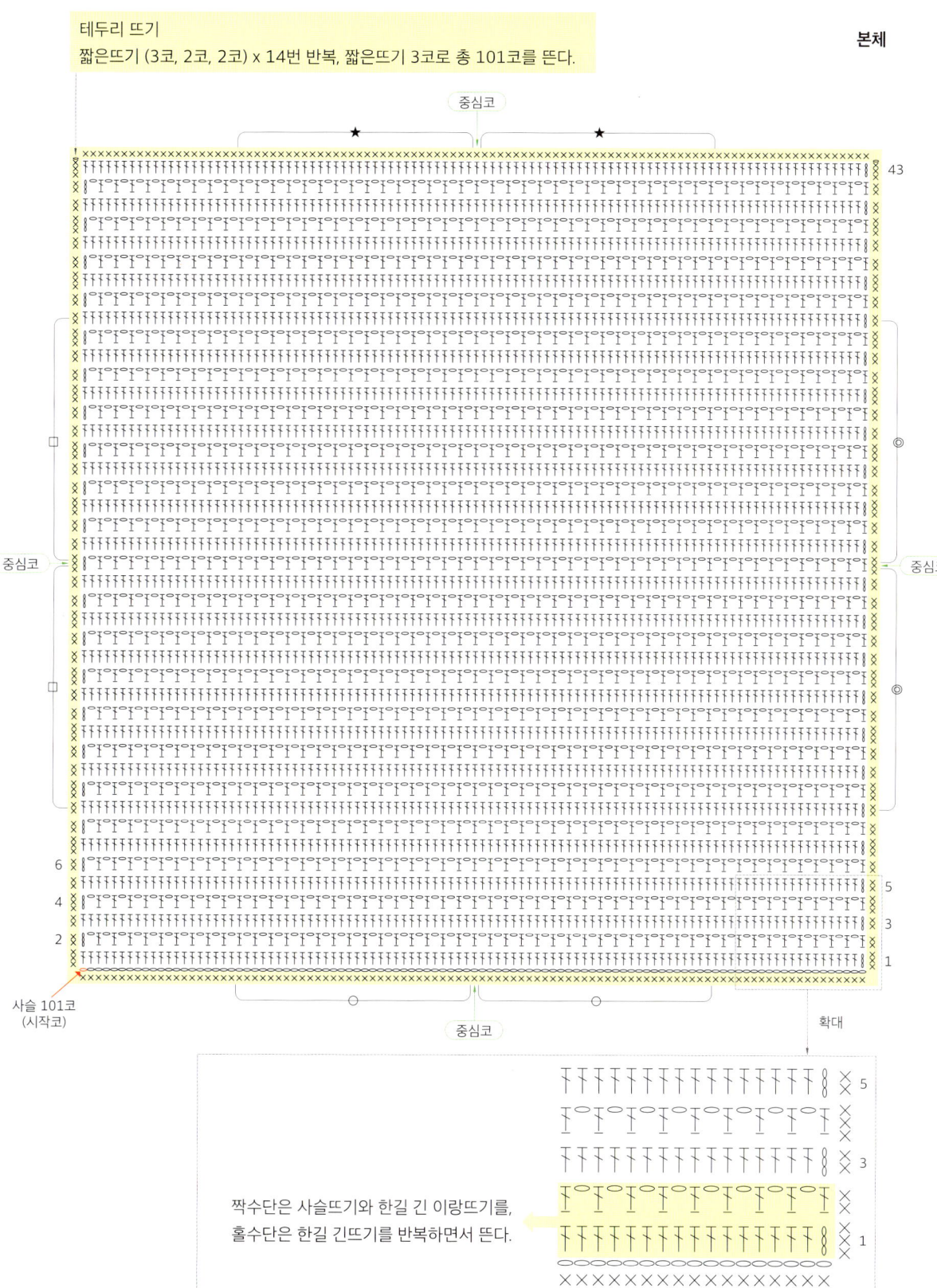

테두리 뜨기
짧은뜨기 (3코, 2코, 2코) x 14번 반복, 짧은뜨기 3코로 총 101코를 뜬다.

본체

중심코

★   ★

43

중심코   중심코

6
4
2

5
3
1

사슬 101코
(시작코)

중심코

확대

5

3

짝수단은 사슬뜨기와 한길 긴 이랑뜨기를,
홀수단은 한길 긴뜨기를 반복하면서 뜬다.

1

Modern stripe

모던 스트라이프

책에 실린 작품의 DIY 키트를 구매할 수 있어요.

겨울에 여름 나라로 여행을 떠나는 일은 즐거운 일탈이 되지요.
그래서 겨울이 되면 일부러 시원한 소재를 찾아
여행지에서 들고 싶은 가방을 만들어요.
야자수 나무 아래 펼쳐진 에메랄드빛 바다는 상상만 해도 설렘 그 자체지요.

리넨 원피스와 잘 어울리는 소재인 햄프실을 사용해
가볍고 세련된 느낌을 담아 보았어요.
얇고 가는 실은 뜨개 여정을 느리게 하지만,
그만큼 섬세해 완성도 높은 작품을 만들 수 있답니다.
햄프실로 시원하고 가벼운 느낌을 살리면서,
메탈릭 펄로 포인트를 준 4종의 가방을 소개할게요.
스트라이프 면 분할을 활용하여 심플하게 완성한 뜨개 가방은
여행지에서 더욱 빛을 발하는 아이템이 될 거예요.

선셋백

Sunset Bag

끝없이 펼쳐지는 시원한 바닷가와 모래사장이 떠오르는 선셋백.
일정한 간격의 배색이 이어지는 심플한 가방에 포인트 컬러를 사용해 세련된 느낌을 더했어요.

실

A. 마닐라햄프 레이스
   (1볼 20g, 900 화이트) 2볼
B. 마닐라햄프 레이스
   (1볼 20g, 912 다크블루) 2볼
C. 끼라끼라(1볼 35g, 1001 오닉스) 소량
D. 끼라끼라(1볼 35g, 1006 스피넬) 소량

바늘

모사용 코바늘 3/0호, 5/0호, 돗바늘

사이즈

가로 25cm x 세로 28cm

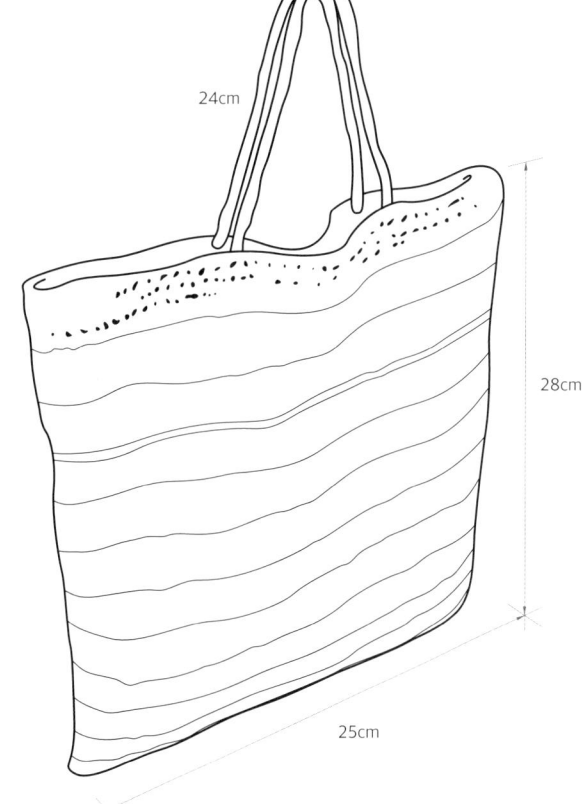

24cm

28cm

25cm

 사슬뜨기

✕ 짧은뜨기

T 긴뜨기

● 빼뜨기

 실 연결하기

／ 실 자르기

바닥과 옆면 만들기

B실 1겹을 3/0호로 뜬다.

1단은 사슬뜨기로 시작코 90코와 기둥코 2코를 만들고
긴뜨기를 뜬다. (총 186코)

2단부터 40단까지 B실과 A실을 5단씩 배색하며 뜬다.

TIP. 배색실 B와 A로 5단씩 배색할 때마다 실을 자르지 않고,
사용하지 않는 실은 안쪽에 세로로 올라간다.

안쪽으로 올라가는 실이 신경 쓰인다면, 배색할 때마다 실을
자르고, 연결하면서 떠도 된다.

41단부터 43단까지는 B실로 뜬다.

44단은 C실로 뜬다.

45단은 B실로 뜬다.

46단은 D실로 빼뜨기를 뜬다.

47단은 A실로 45단 코에 긴뜨기를 뜬다.

배색에 유의하면서 61단까지 뜨고 마무리한다.

손잡이 만들기

A실을 2겹으로 합쳐서 5/0호로 뜬다.

새우뜨기로 24cm, 2개를 뜬다. (P. 28 참조)

도안에 표시된 위치의 가방 안쪽에 손잡이를 1.5~2cm 넣어
감침질로 연결한다.

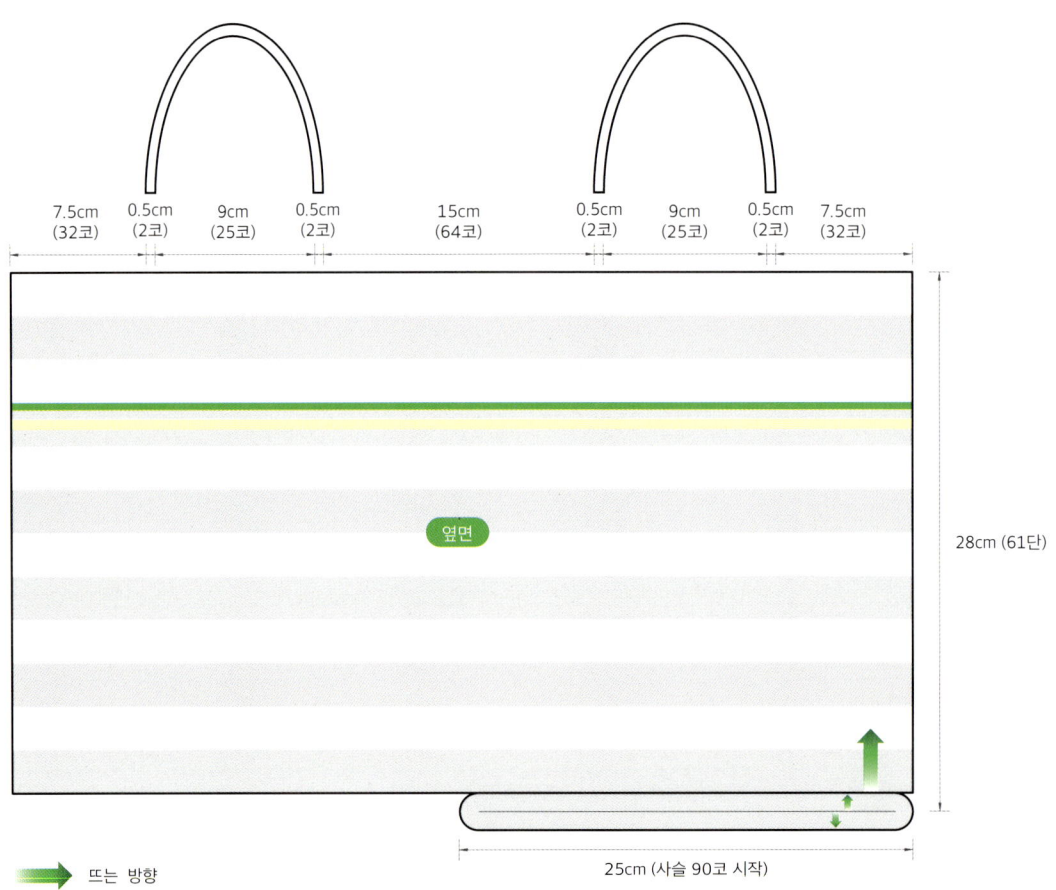

뜨는 방향

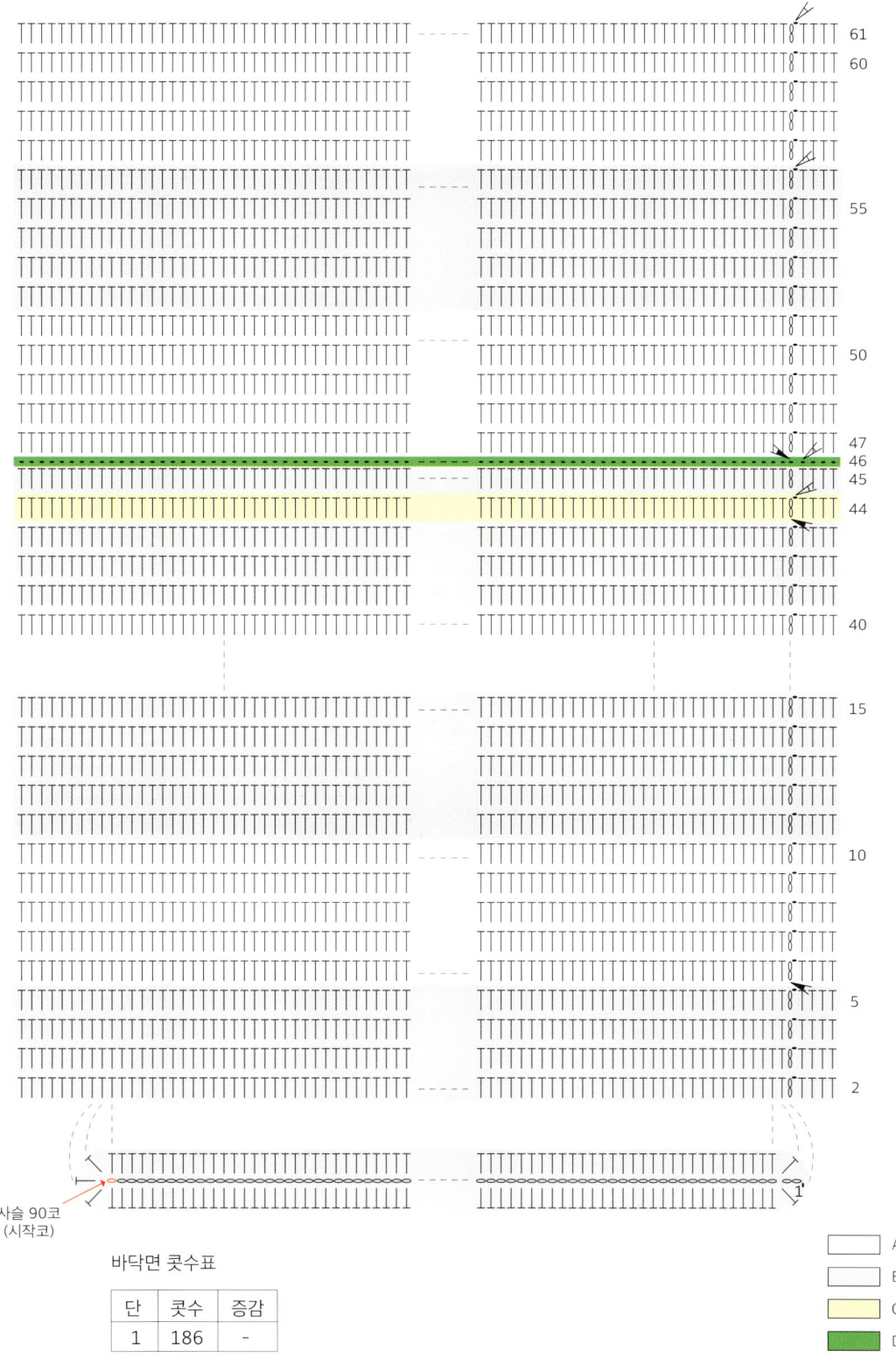

사슬 90코
(시작코)

바닥면 콧수표

단	콧수	증감
1	186	–

	A
	B
	C
	D

선라이즈백
Sunrise Bag

동틀 녘, 은은하게 빛나는 물결을 스트라이프로 표현한 선라이즈백.
자연을 닮은 소재와 색감이 주는 편안함을 느낄 수 있어요.
바쁜 일상 속에서 잠시 쉬어갈 수 있는 시간을 만들어 보세요.

실

A. 마닐라햄프 레이스
   (1볼 20g, 900 화이트) 4볼
B. 마닐라햄프 레이스
   (1볼 20g, 905 프렌치블루) 1볼
C. 끼라끼라(1볼 35g, 1005 토파즈) 소량

바늘

모사용 코바늘 3/0호, 돗바늘

사이즈

가로 30cm x 세로 28cm

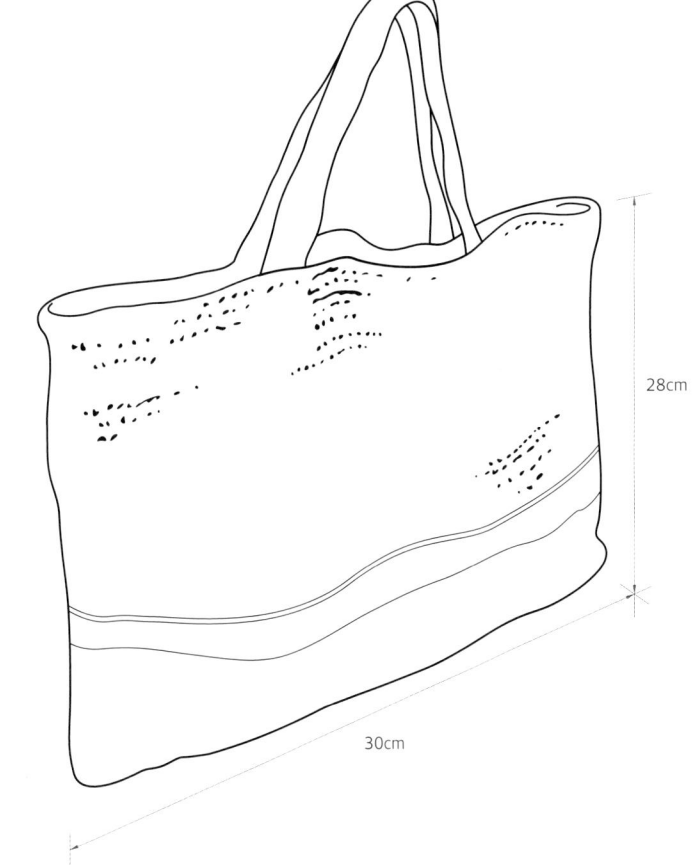

⬭	사슬뜨기
✕	짧은뜨기
⊤	긴뜨기
⋁	긴뜨기 늘려뜨기
⬤	빼뜨기
⬩	실 연결하기
⬩	실 자르기

바닥면 만들기

A실로 사슬뜨기 시작코 110코와 기둥코 2코를 만들고 긴뜨기를 뜬다. (총 232코)

옆면 만들기

1단부터 14단까지 증감 없이 긴뜨기를 뜬다.
B실로 15단부터 22단까지 짧은뜨기와 사슬뜨기를 반복하면서 무늬뜨기를 뜬다.
23단은 C실로 빼뜨기를 뜬다.
(사슬 아래로 바늘을 넣어서 빼뜨기를 뜬다)
24단은 A실로 22단의 코에 긴뜨기를 뜬다.
60단까지 뜨고 마무리한다.

손잡이 만들기

A실로 사슬뜨기 시작코 80코와 기둥코 2코를 만들고 긴뜨기를 뜬다. (32cm)

마무리하기

도안에 표시된 위치의 가방 안쪽에
손잡이를 1.5~2cm 넣어 감침질로 연결한다.

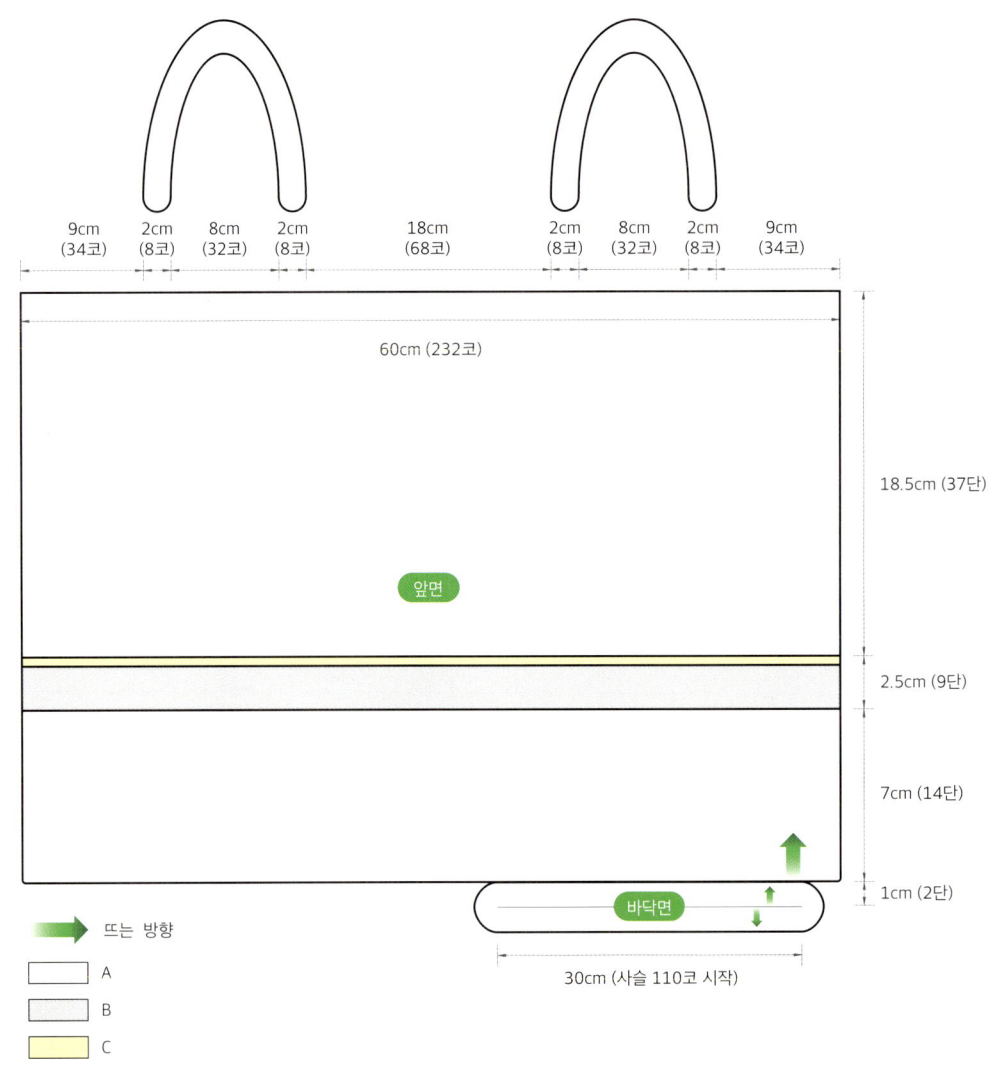

9cm (34코) 2cm (8코) 8cm (32코) 2cm (8코) 18cm (68코) 2cm (8코) 8cm (32코) 2cm (8코) 9cm (34코)

60cm (232코)

18.5cm (37단)

앞면

2.5cm (9단)

7cm (14단)

1cm (2단)

바닥면

30cm (사슬 110코 시작)

뜨는 방향

A
B
C

130

손잡이

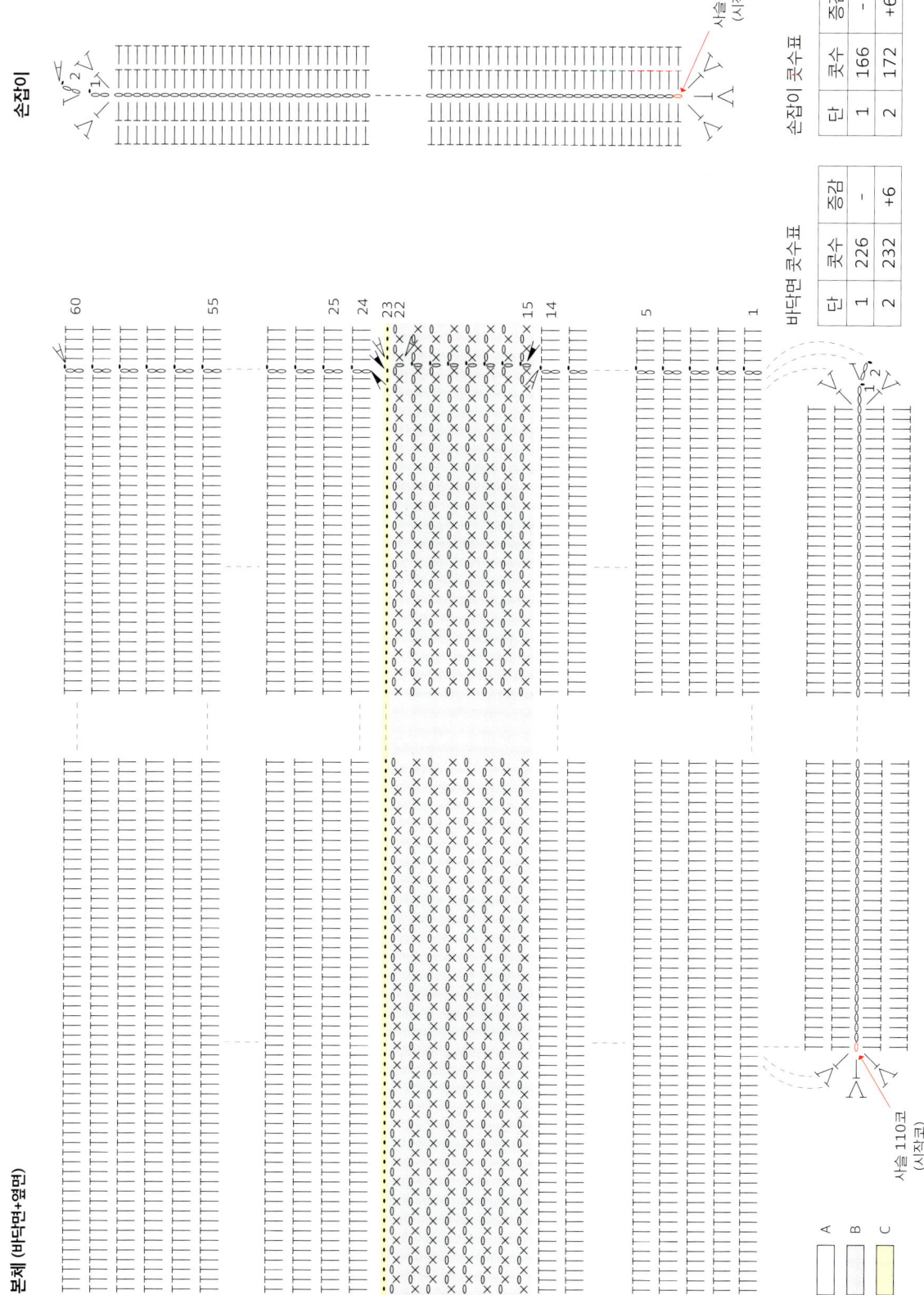

본체 (바닥면+옆면)

A
B
C

사슬 80코
(시작코)

사슬 110코
(시작코)

손잡이 콧수표

단	콧수	증감
1	166	-
2	172	+6

바닥면 콧수표

단	콧수	증감
1	226	-
2	232	+6

미드나잇백
Midnight Bag

블랙 컬러와 매치해서 은근하게 돋보이는 메탈릭 소재의 가방끈이 포인트입니다.
한여름 밤, 휴양지에서 로맨틱한 무드를 선물해 줄 것 같아요.

실

A. 마닐라햄프 레이스

   (1볼 20g, 900 화이트) 2볼

B. 마닐라햄프 레이스

   (1볼 20g, 911 블랙) 1볼

C. 끼라끼라(1볼 35g, 1008 리치펄) 1볼

바늘

모사용 코바늘 3/0호, 돗바늘

사이즈

가로 22cm x 세로 25cm

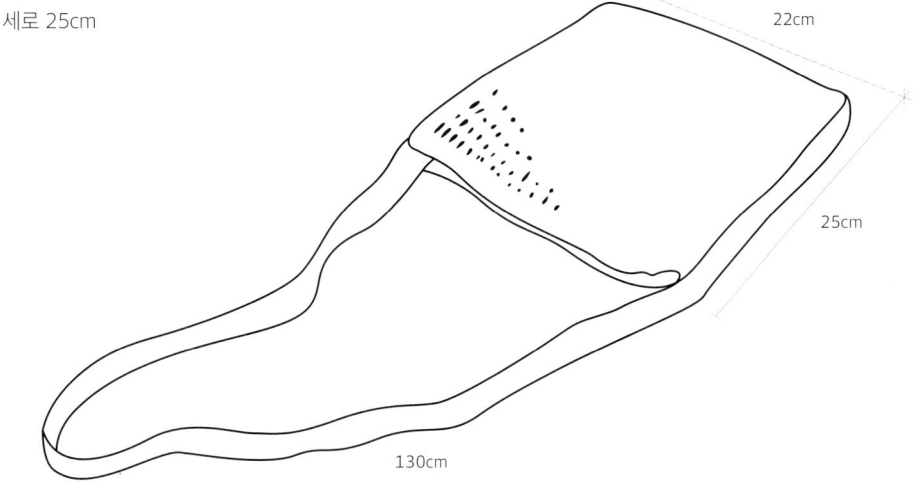

 사슬뜨기	
짧은뜨기	
한길긴뜨기	
빼뜨기	
실 연결하기	
실 자르기	

본체 만들기

A실로 앞면과 뒷면을 뜬다.
사슬뜨기로 시작코 70코와 기둥코 3코를 만들고
한길 긴뜨기를 뜬다. (총 70코)
편물을 돌려가며 34단까지 증감 없이 뜬다.

가방끈 만들기

C실로 가방끈 1개를 뜬다.
사슬뜨기로 시작코 5코와 기둥코 3코를 만들고
한길 긴뜨기를 뜬다.
편물을 돌려가며 214단까지 증감 없이 뜨고 실을 자른다.
가방끈 양쪽에 B실로 기둥코 1코를 세우고 한길 긴뜨기 1코에
짧은뜨기 2코씩 428코를 뜬다.

본체와 가방끈 연결하기

본체 1장과 가방끈을 안쪽끼리 마주보게 겹쳐 준다.
배색실 B로 기둥코 1코를 세우고 짧은뜨기로 연결하고 실을
자른다.
나머지 본체 1장과 가방끈을 같은 방법으로 연결해 준다.
가방끈 시작(★)과 끝(★)을 감침질로 연결한다.

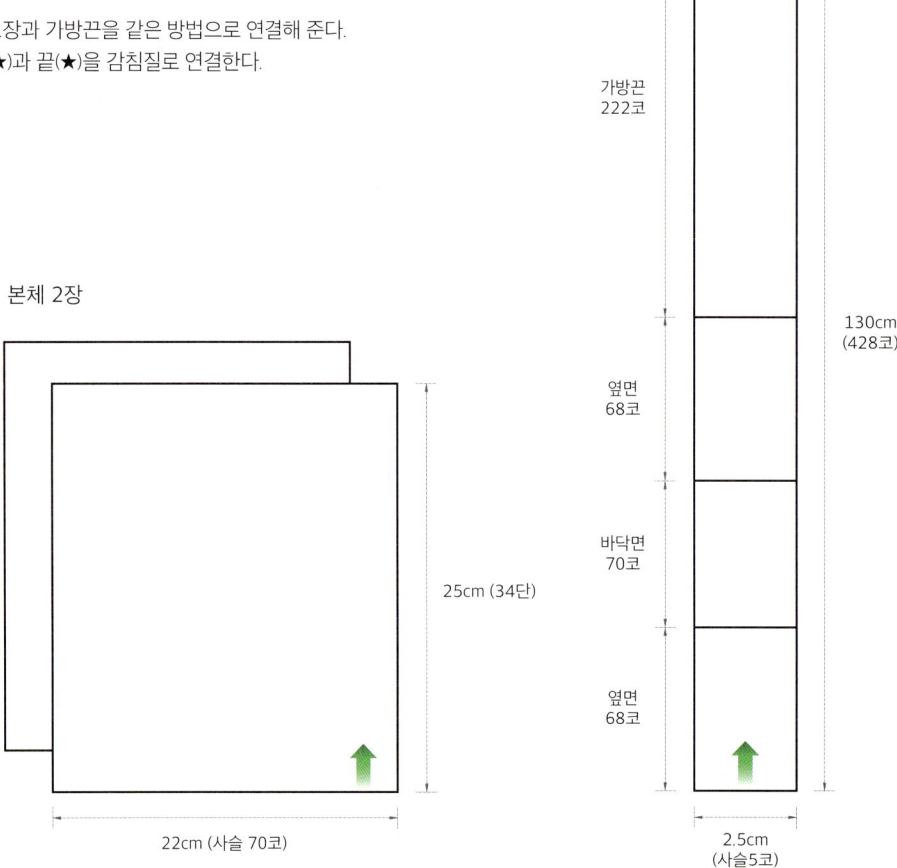

본체 2장

25cm (34단)

22cm (사슬 70코)

가방끈

가방끈
222코

130cm
(428코)

옆면
68코

바닥면
70코

옆면
68코

2.5cm
(사슬5코)

뜨는 방향

본체

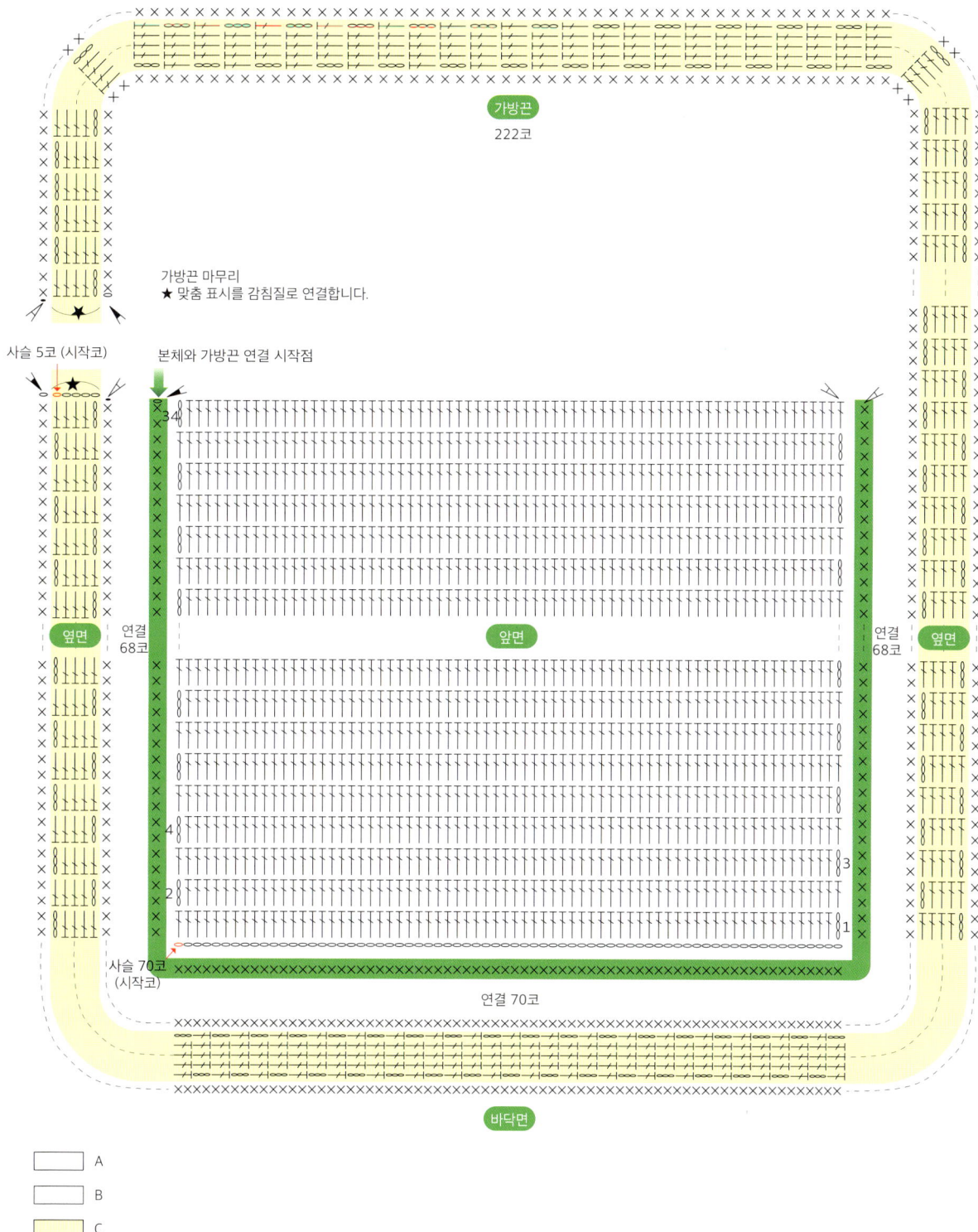

가방끈
222코

가방끈 마무리
★ 맞춤 표시를 감침질로 연결합니다.

사슬 5코 (시작코)

본체와 가방끈 연결 시작점

옆면

연결
68코

앞면

연결
68코

옆면

사슬 70코
(시작코)

연결 70코

바닥면

A

B

C

밀키웨이백
Milky Way Bag

어두운 밤하늘을 비추는 수많은 별들을 메탈릭 소재로 표현한 밀키웨이백.
별들처럼 각자의 색을 은은하게 내면서도 조화롭게 어울려요.
태양과 만나면 더욱 반짝반짝 빛을 내겠죠?

실

A. 마닐라햄프 레이스
  (1볼 20g, 914 와인) 3볼
B. 끼라끼라(1볼 35g, 1012 브라스) 소량
C. 끼라끼라(1볼 35g, 1001 오닉스) 소량
D. 끼라끼라(1볼 35g, 1005 토파즈) 소량
E. 끼라끼라(1볼 35g, 1009 오닉스톰) 소량
F. 끼라끼라(1볼 35g, 1013 마블) 소량
G. 끼라끼라(1볼 35g, 1010 자수정) 소량
H. 끼라끼라(1볼 35g, 1008 리치펄) 소량
 I. 끼라끼라
  (1볼 35g, 1011 아이올라이트) 소량
J. 마닐라햄프 레이스
  (1볼 20g, 900 화이트) 1볼

바늘

모사용 코바늘 3/0호, 5/0호, 돗바늘

사이즈

가로 33cm x 세로 34cm

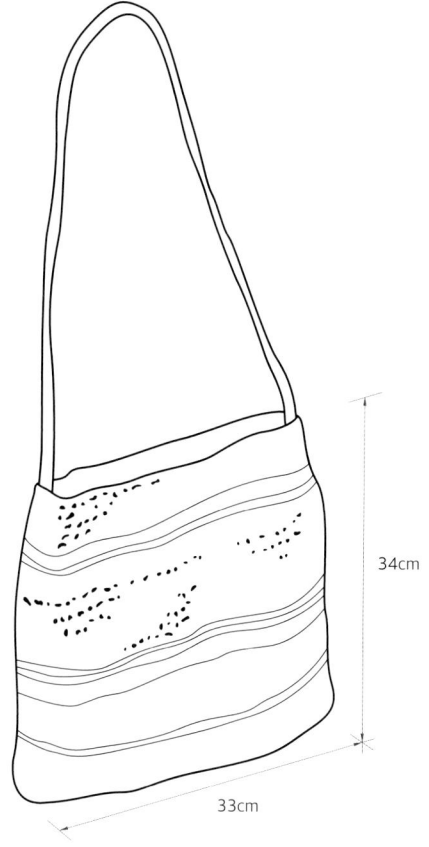

34cm

33cm

 사슬뜨기	
짧은뜨기	
긴뜨기	
한길 긴뜨기	
한길 긴 2코 늘려뜨기	
빼뜨기	
실 연결하기	
실 자르기	

바닥면 만들기

A실 1겹을 3/0호로 뜬다.
사슬뜨기로 시작코 100코와 기둥코 3코를 만들어
한길 긴뜨기를 뜬다.
도안을 참고하여 3단까지 뜬다. (총 214코)

옆면 만들기

TIP. 배색할 때, 바탕색(A실)은 자르지 않고 배색실을 연결해서 뜬다.
배색실은 배색이 끝나면, 실을 자른다.
도안에 표시된 배색 단과 색상, 기호에 유의하면서
53단까지 뜬다.

가방끈 만들기

J실을 2겹으로 합쳐서 5/0호로 사슬뜨기 240코(120cm) 뜬다.
이를 6개를 만들고, 2개씩 잡아 3줄 땋기를 한다.
가방끈(80cm) 1개를 완성한다.

마무리하기

가방 양 끝쪽에 가방끈을 감침질로 연결한다.

본체(바닥면+옆면)

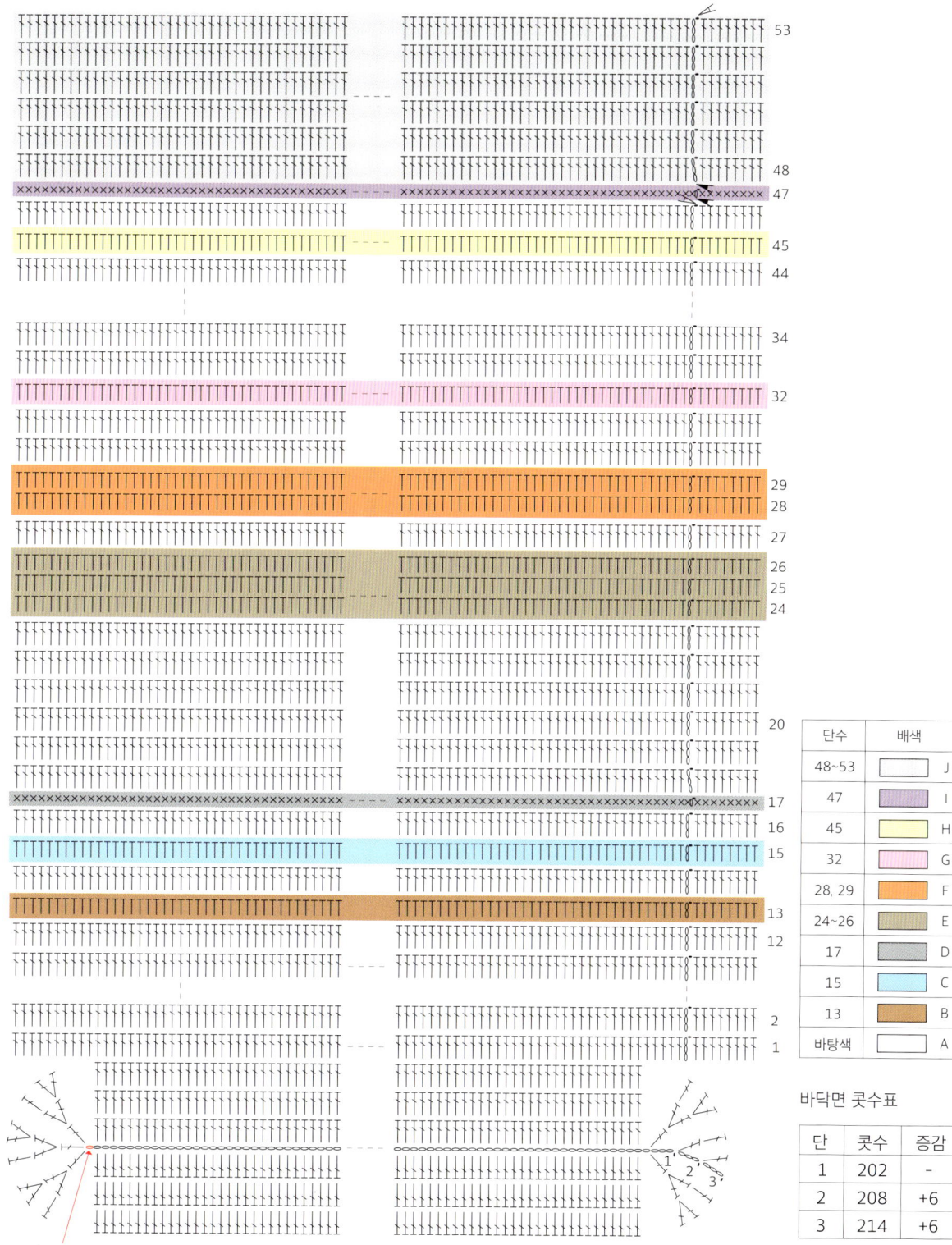

사슬 100코
(시작코)

단수	배색	
48~53		J
47		I
45		H
32		G
28, 29		F
24~26		E
17		D
15		C
13		B
바탕색		A

바닥면 콧수표

단	콧수	증감
1	202	–
2	208	+6
3	214	+6

가방끈
J실 2겹으로 사슬뜨기 240코(120cm) x 6개
(5/0호 사용)

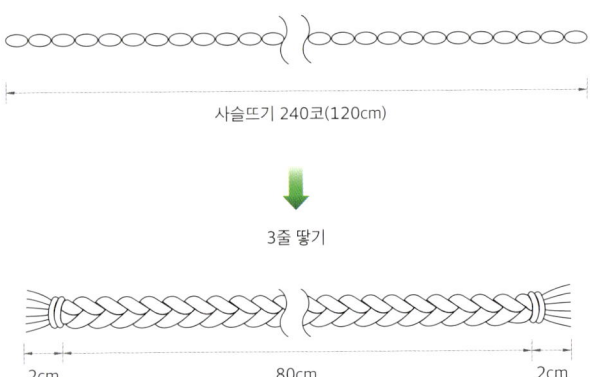

사슬뜨기 240코(120cm)

3줄 땋기

2cm   80cm   2cm

Colorful World

컬러풀 월드

책에 실린 작품의 DIY 키트를 구매할 수 있어요.

선선한 가을바람이 불어오면 더위로 지쳐있던 몸과 마음에 활기가 생기지요.
들꽃 내음 섞인 바람이 살랑이면 밝고 즐거운 일만 가득할 것 같아요.
길가에는 어느새 색색의 아름다운 꽃들이 피어나고, 그 속에서 다양한 영감을 얻는답니다.
자연의 색은 어느 것 하나 예쁘지 않은 색이 없어요.

내가 좋아하는 다양한 색을 가방으로 만들어 보는 건 어떨까요?
상상만으로도 신나는 일이지요.
인생에도 쉬운 길만 있는 것이 아니듯
다채로운 색상으로 가방을 만드는 일은 인내와 끈기가 필요해요.
하지만 완성하고 나면 밀려오는 뿌듯함과 자신감은
또 다시 다음 아이템 만들기에 도전하게 만들지요.
좋아하는 계절의, 좋아하는 색들을 담아 나만의 뜨개 가방으로 만들어 보는 건 어떨까요?
모칠라백은 콜롬비아 와유족의 수공예 가방에서 시작된 디자인으로,
이미 전 세계적으로 큰 사랑을 받고 있지요.
이 챕터에서는 국내에서도 꾸준히 인기 있는 모칠라백 4종을 소개합니다.
도전하는 사람에게만 펼쳐지는 아름다운 크로세 세상을 경험해 보세요.

멀티 미니 모칠라백
Multi Mini Mochila Bag

때론 가방을 물건 담는 용도 대신 패션 소품으로 활용하기도 하죠.
심플한 의상에 목걸이처럼 매치할 수도 있고, 가방에 매달아 키링처럼 연출할 수도 있어요.
공원에서 음악을 들으며 조깅할 때 이어폰 케이스를 보관할 수도 있고요.
귀엽고 센스 있는 패션 소품, 멀티 미니 모칠라백입니다.

실

Ver.1
A. 모칠라코튼 (1볼 50g, 31 피넛) 1볼
B. 모칠라코튼 (1볼 50g, 45 녹색) 1볼
C. 모칠라코튼 (1볼 50g, 18 코발트) 1볼

Ver.2
A. 모칠라코튼 (1볼 50g, 40 백색) 1볼
B. 모칠라코튼 (1볼 50g, 39 검정) 1볼

Ver.3
A. 모칠라코튼 (1볼 50g, 4 오렌지) 1볼
B. 모칠라코튼 (1볼 50g, 39 검정) 1볼
C. 모칠라코튼 (1볼 50g, 45 녹색) 1볼
D. 모칠라코튼 (1볼 50g, 18 코발트) 1볼

바늘
모사용 코바늘 3/0호, 돗바늘

사이즈
가로 6cm x 세로 8.5cm

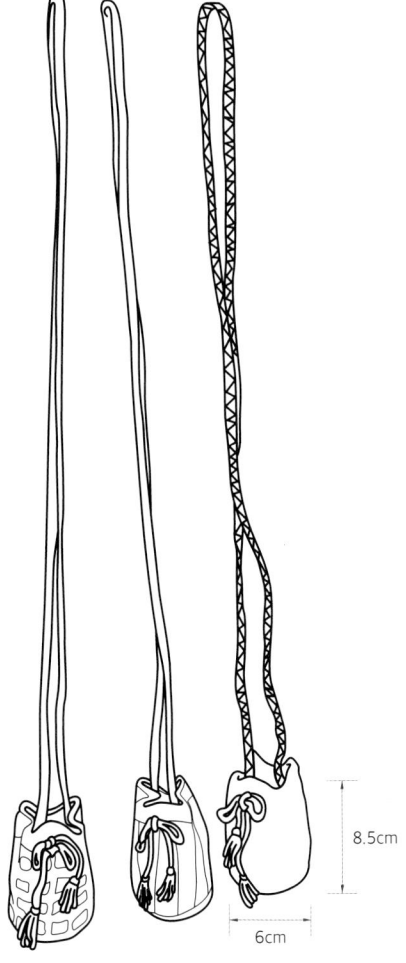

⬭	사슬뜨기
✕	짧은뜨기
⋈	짧은 이랑뜨기
⩔	짧은 이랑 2코 늘려뜨기
⬭	빼뜨기
⟋	실 연결하기
⟋	실 자르기

바닥면 만들기

도안에 표시된 배색 단에 유의하며
원형뜨기로 시작코를 만들어 짧은뜨기를 뜬다. (P. 29 참조)
2단부터 6단까지 코를 늘리면서 짧은 이랑뜨기를 뜬다.
(총 48코)

옆면 만들기

1단부터 12단까지 증감 없이 짧은 이랑뜨기로 뜬다.
13단에서 사슬뜨기로 조임끈을 넣을 구멍 8개를 만든다.
(P. 30 참조)
15단까지 뜨고 실을 자른다.

조임끈과 프린지 만들기

조임끈은 사슬뜨기 90코(35cm)로 만든다.
조임끈을 구멍 8개에 끼워준다.
실을 5cm씩 4가닥을 잘라 준 후, 조임끈 시작과 끝부분에
코바늘을 사용해서 프린지를 만든다.

가방끈과 마무리하기

Ver.1과 Ver.2의 가방끈은 새우뜨기 기법으로 110cm 뜬다.
(P. 28 참조)
Ver.3의 가방끈은 도안을 따라 만든다.
가방과 가방끈을 돗바늘로 감침질하여 연결힌다.

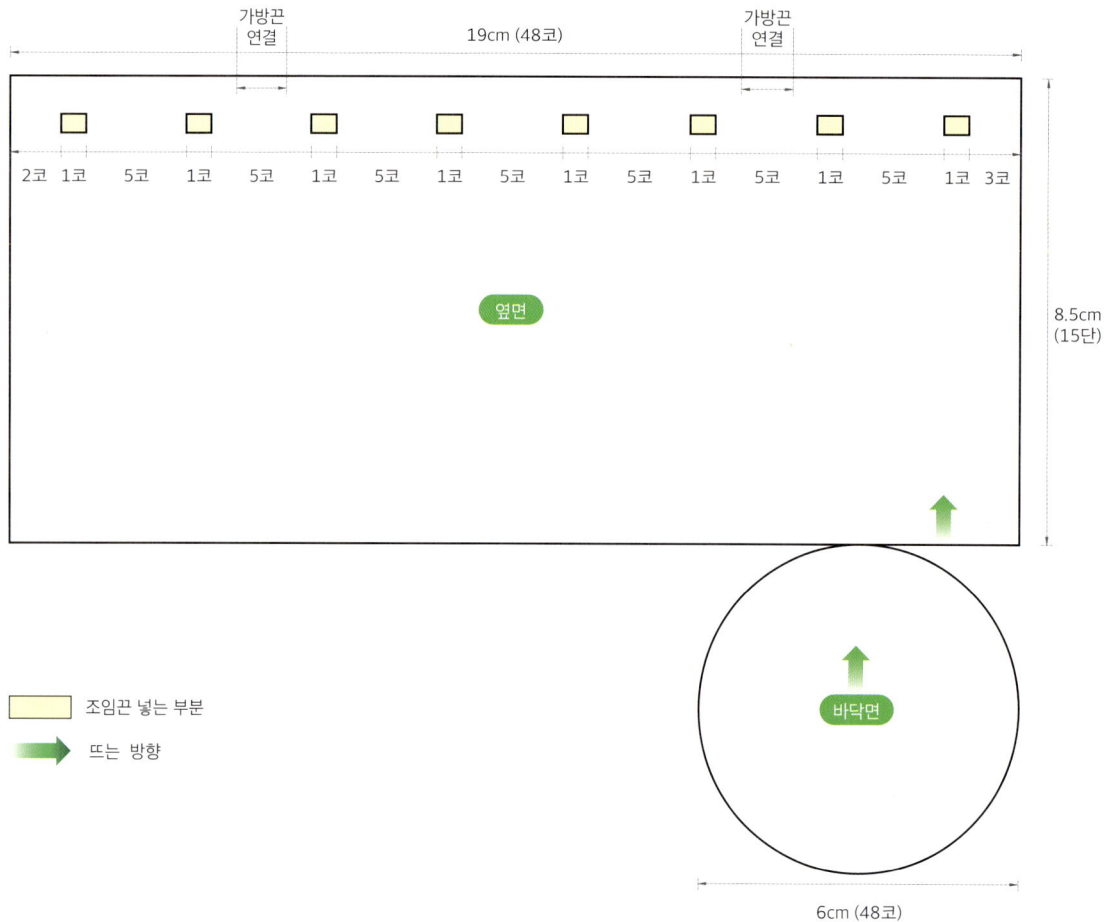

가방끈 연결 · 19cm (48코) · 가방끈 연결

2코 · 1코 · 5코 · 1코 · 5코 · 1코 · 5코 · 1코 · 5코 · 1코 · 5코 · 1코 · 5코 · 1코 · 5코 · 1코 · 3코

옆면

8.5cm (15단)

바닥면

6cm (48코)

조임끈 넣는 부분

뜨는 방향

멀티 미니 모칠라백
Ver.1

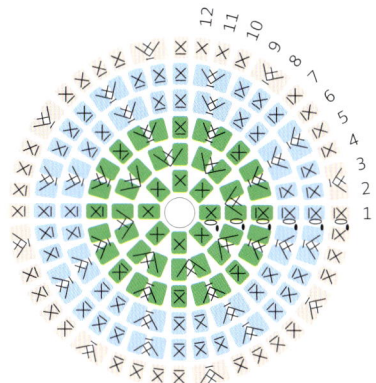

| A |
| B |
| C |

바닥면 콧수표

단	콧수	증감
1	8	–
2	16	+8
3	24	+8
4	32	+8
5	40	+8
6	48	+8

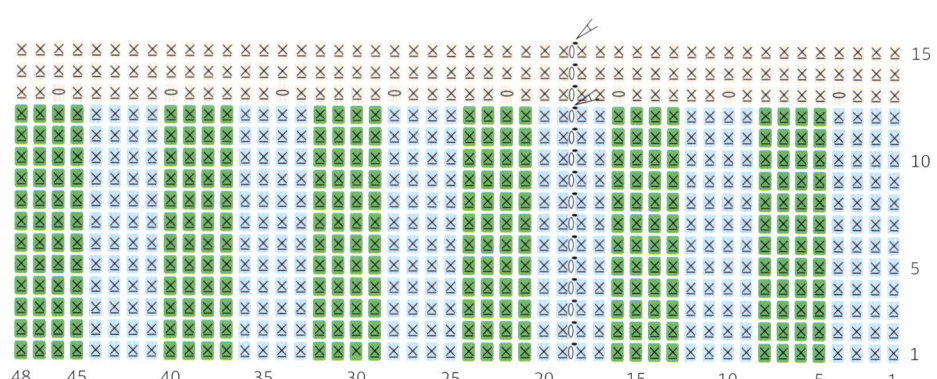

멀티 미니 모칠라백
Ver.2

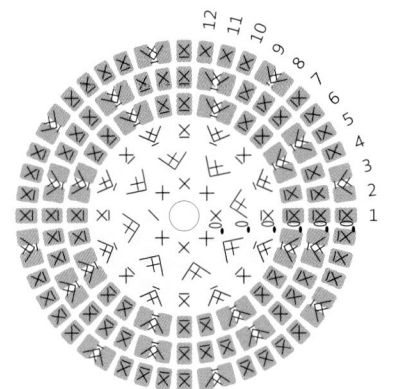

바닥면 콧수표

단	콧수	증감
1	8	–
2	16	+8
3	24	+8
4	32	+8
5	40	+8
6	48	+8

☐ A
▨ B

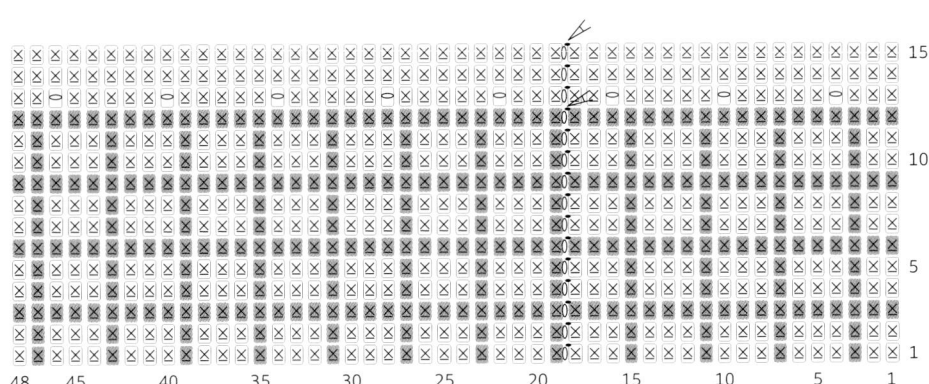

멀티 미니 모칠라백
Ver.3

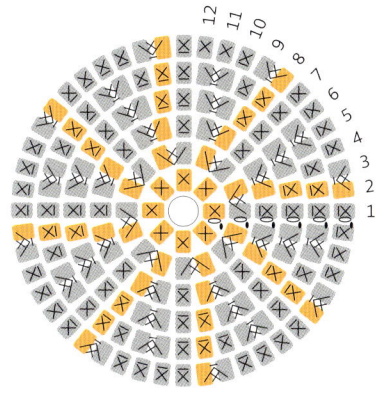

바닥면 콧수표

단	콧수	증감
1	8	–
2	16	+8
3	24	+8
4	32	+8
5	40	+8
6	48	+8

A

B

C

D

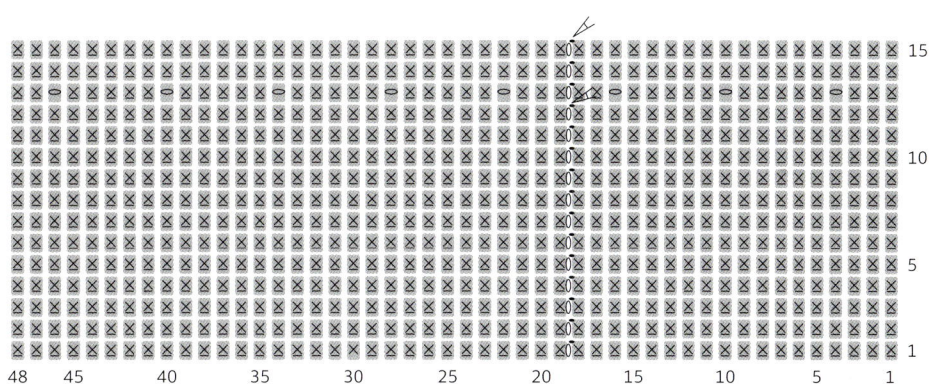

가방끈
A, C, D실(각 2m)로 3줄씩 3줄 땋기

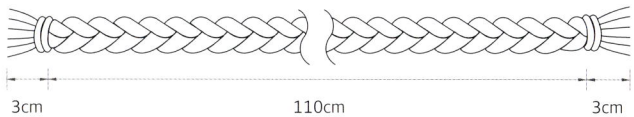

3cm　　　　　110cm　　　　　3cm

도미노 스몰 모칠라백
Domino Small Mochila Bag

콜롬비아 전통 부족 와유족에서 시작된 모칠라백.

손끝에서 만들어지는 아름다운 패턴 속에서 그에 담긴 전통을 느낄 수 있어요.

기분 좋아지는 쨍한 네온컬러의 경쾌한 에너지를 만끽해 볼까요.

실

A. 러브썸 (1볼 80g, 45 밀크) 2볼
B. 러브썸 (1볼 80g, 49 네온린덴) 2볼
C. 러브썸 (1볼 80g, 48 네온맘보) 2볼
D. 러브썸 (1볼 80g, 17 토파즈) 2볼

바늘

모사용 코바늘 3/0호, 돗바늘

사이즈

가로 16cm x 세로 18cm

	사슬뜨기
✕	짧은뜨기
⋉	짧은 이랑뜨기
⋎	짧은 이랑 2코 늘려뜨기
●	빼뜨기
✦	실 연결하기
✧	실 자르기

151

바닥면 만들기

A, B, C, D 4개의 실을 동시에 잡고 A실로 시작한다.
원형뜨기로 시작코를 만들어 짧은뜨기를 뜬다. (P. 29 참조)
TIP. 기둥코와 빼뜨기 없이 뜨는 방식으로 단이 바뀔 때,
어긋나는 것처럼 보인다.
도안에 표시된 배색 단에 유의하면서
2단부터 15단까지 짧은 이랑뜨기를 뜨며 코를 늘린다.
(총 120코)

옆면 만들기

도안에 있는 60코 무늬를 2번 반복한다.
1단부터 29단까지 증감 없이 짧은 이랑뜨기로 뜬다.
30단에서 태슬끈이 들어가는 구멍 8개를 만든다. (P. 30 참조)
31단에서 34단까지 짧은 이랑뜨기로 뜨고
35단은 빼뜨기로 마무리한다.

태슬끈 만들기

A실을 240cm로 잘라서 2가닥을 준비한다.
손으로 꼬아주는 방법으로 60cm 태슬끈을 만든다. (P. 30 참조)
태슬끈을 옆면 30단에 있는 구멍 8개에 끼워준다.

태슬 만들기

C실을 17cm로 잘라서 100가닥을 준비하고 태슬끈을
가져와서 태슬을 만든다.
D실로 같은 방법으로 태슬끈에 태슬을 만든다. (P. 31 참조)

가방끈 만들기

A, B, C, D 4개의 실을 색상별로 140cm로 잘라서 20가닥씩
준비한다.
실의 윗부분을 묶어서 고정한 후에 둥근 네 줄 땋기를 한다.
(P. 31 참조)

가방끈과 마무리하기

도안에 표시된 위치의 가방 바깥쪽에 가방끈을 돗바늘로
고정한다.

본체 (바닥면+옆면)

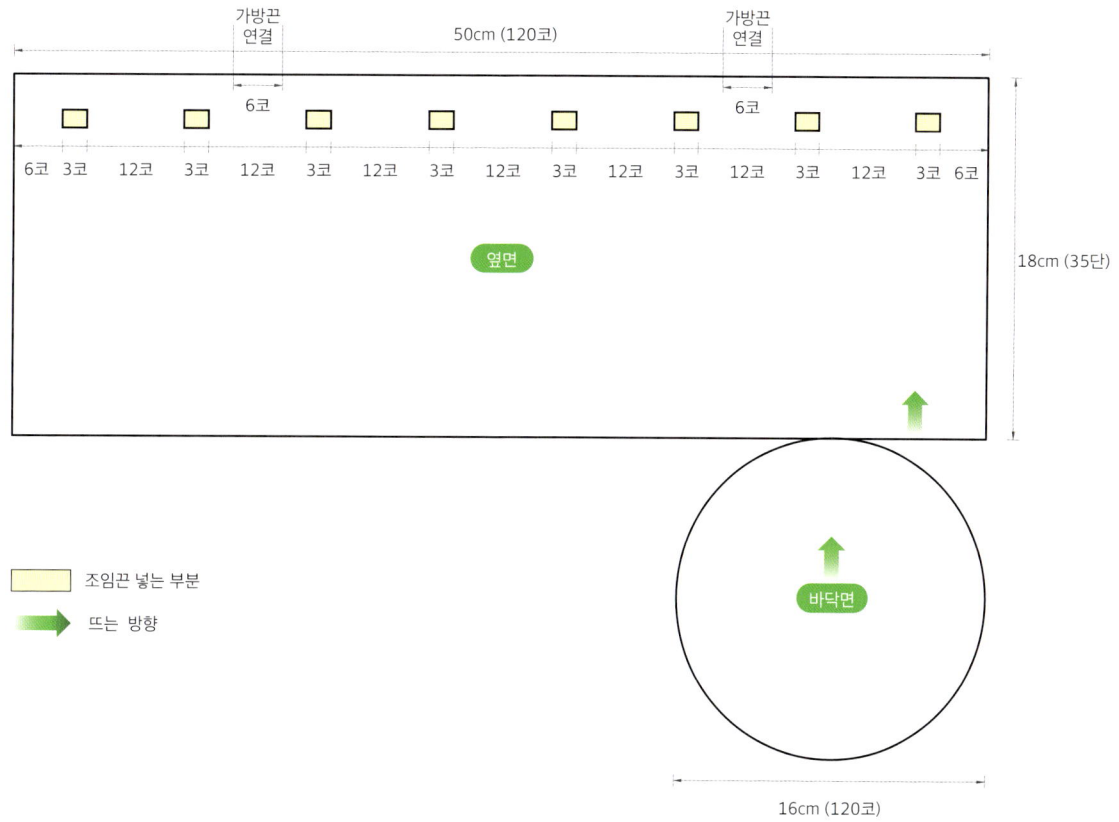

조임끈 넣는 부분

뜨는 방향

바닥면

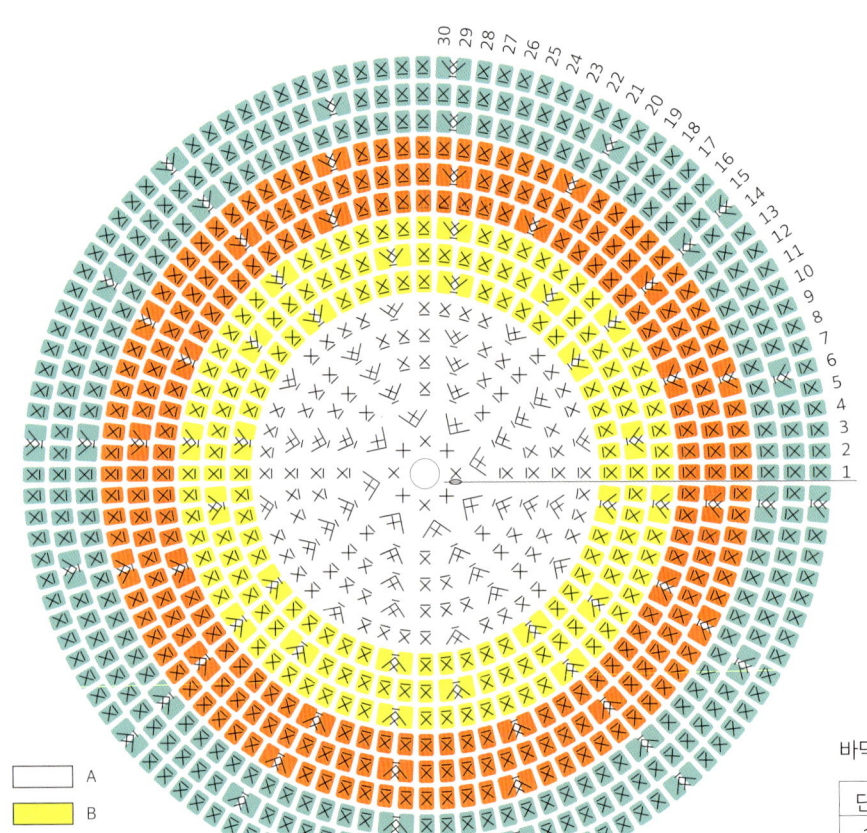

| A |
| B |
| C |
| D |

바닥면 콧수표

단	콧수	증감
1	8	–
2	16	+8
3	24	+8
4	32	+8
5	40	+8
6	48	+8
7	56	+8
8	64	+8
9	72	+8
10	80	+8
11	88	+8
12	96	+8
13	104	+8
14	112	+8
15	120	+8

옆면

A
B
C
D

가방끈

A, B, C, D 4개의 실 (색상별로 140cm, 20줄)
둥근 네 줄 땋기 (p. 31 참조)

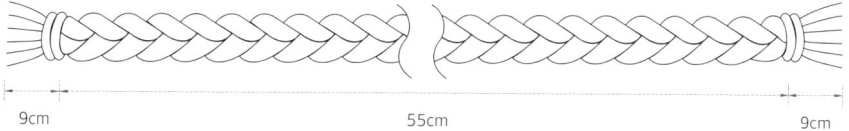

9cm   55cm   9cm

155

인디언 미디엄 모칠라백
Indian Medium Mochila Bag

아프리카 대륙의 대자연을 느낄 수 있는 인디언 미디엄 모칠라백.
화려한 패턴에 대자연의 색을 담아, 모던하고 세련되게 완성했어요.
직접 가보진 못했지만, 드넓은 아프리카를 상상할 수 있어요.

실

A. 모칠라코튼 (1볼 50g, 31 피넛) 4볼
B. 모칠라코튼 (1볼 50g, 32 베이지) 4볼
C. 모칠라코튼 (1볼 50g, 35 연초코) 4볼
D. 모칠라코튼 (1볼 50g, 11 텔피치) 4볼
E. 모칠라코튼 (1볼 50g, 24 토파즈) 4볼

바늘

모사용 코바늘 3/0호, 돗바늘

사이즈

가로 21cm x 세로 28cm

 사슬뜨기

✕ 짧은뜨기

✕ 짧은 이랑뜨기

✕ 짧은 이랑 2코 늘려뜨기

● 빼뜨기

✔ 실 연결하기

✔ 실 자르기

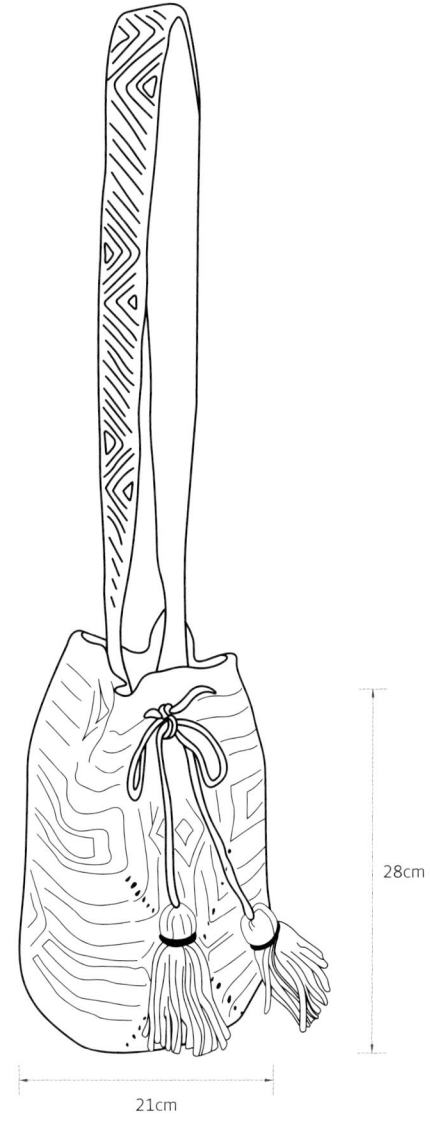

28cm

21cm

157

바닥면 만들기

A, B, C, D, E 5개의 실을 동시에 잡고 C실로 시작한다.
원형뜨기로 시작코를 만들어 짧은뜨기를 뜬다. (P. 29 참조)
TIP. 기둥코와 빼뜨기없이 뜨는 방식으로 단이 바뀔 때,
어긋나는 것처럼 보인다.
도안에 표시된 배색 단에 유의하면서
2단부터 22단까지 짧은 이랑뜨기를 뜨며 코를 늘린다.
(총 184코)

옆면 만들기

도안에 있는 92코 무늬를 2번 반복한다.
1단부터 50단까지 증감 없이 짧은 이랑뜨기로 뜬다.
51단에서 태슬끈이 들어가는 구멍 8개를 만든다. (P. 30 참조)
52단에서 54단까지 짧은 이랑뜨기로 뜨고
55단은 빼뜨기로 마무리한다.

태슬끈 만들기

A, B, C, D, E실을 400cm로 잘라서 5가닥을 준비한다.
손으로 꼬아주는 방법으로 100cm 태슬끈을 만든다.
(P. 30 참조)
태슬끈을 옆면 51단에 있는 구멍 8개에 끼워준다.

태슬 만들기

A, B실을 22cm로 잘라서 각각 60줄씩 준비한다.
태슬끈에 연결해 태슬을 만든다.
A, C실을 사용해서 같은 방법으로 태슬을 만든다. (P. 31 참조)

가방끈 만들기

TIP. 매 단마다 실을 바꿔 한 방향으로 뜬다.
사슬 시작코와 빼뜨기는 A실로 뜬다.
사슬뜨기로 시작코 304코와 기둥코 1코를 뜬다.
A, B, C, D, E 5개의 실을 동시에 잡고 짧은 이랑뜨기로 1단을
뜬다.
TIP. 76코 무늬를 4번 반복해서 304코를 뜬다.
2단부터 9단까지 짧은 이랑뜨기를 뜬다.

마무리하기

가방과 가방끈을 돗바늘로 감침질하여 연결한다.

본체 (바닥면+옆면)

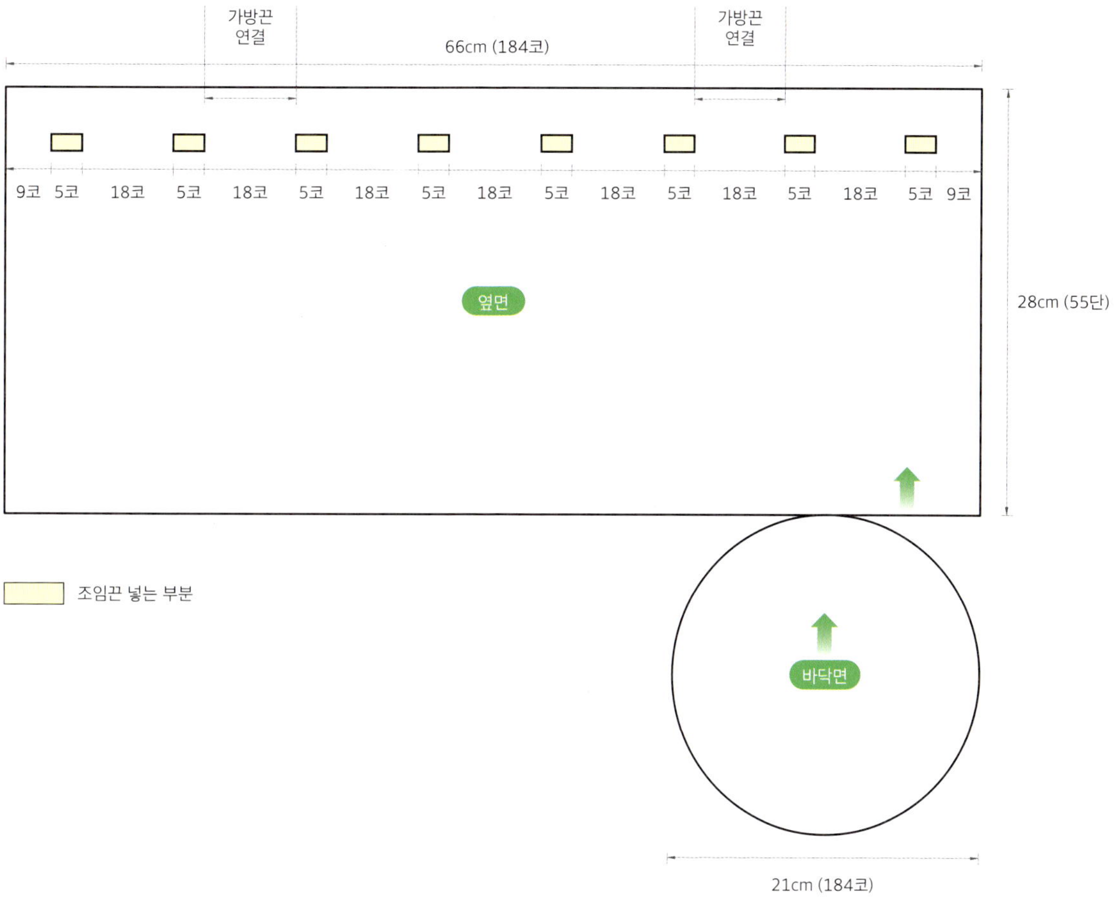

가방끈
연결

66cm (184코)

가방끈
연결

9코 5코 18코 5코 18코 5코 18코 5코 18코 5코 18코 5코 18코 5코 18코 5코 9코

옆면

28cm (55단)

조임끈 넣는 부분

바닥면

21cm (184코)

가방끈

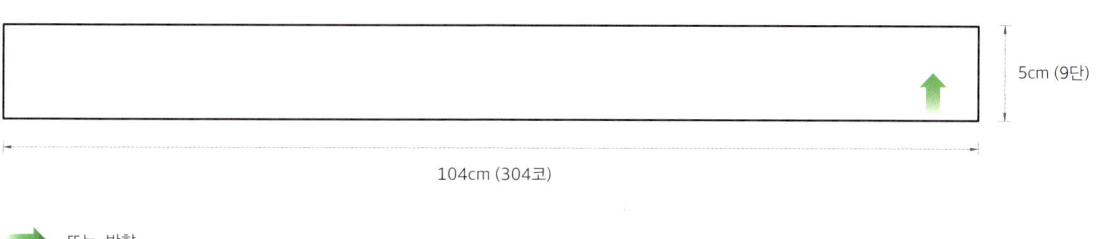

5cm (9단)

104cm (304코)

➡ 뜨는 방향

바닥면

바닥면 콧수표

단	콧수	증감
1	8	-
2	16	+8
3	24	+8
4	32	+8
5	40	+8
6	48	+8
7	56	+8
8	64	+8
9	72	+8
10	80	+8
11	88	+8
12	96	+8
13	104	+8
14	112	+8
15	120	+8
16	128	+8
17	136	+8
18	144	+8
19	152	+8
20	160	+8
21	168	+8
22	184	+16

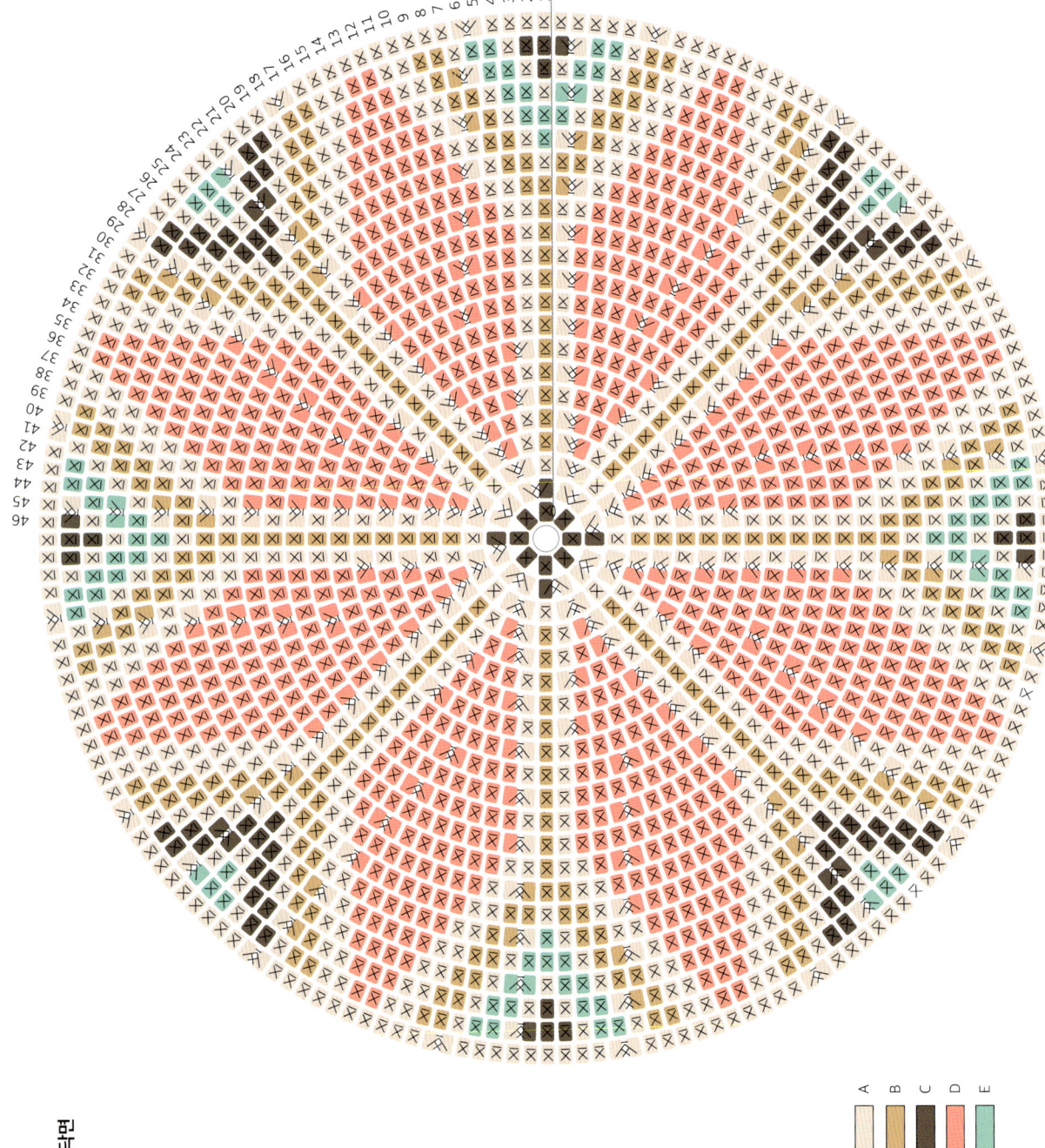

A
B
C
D
E

가방끈

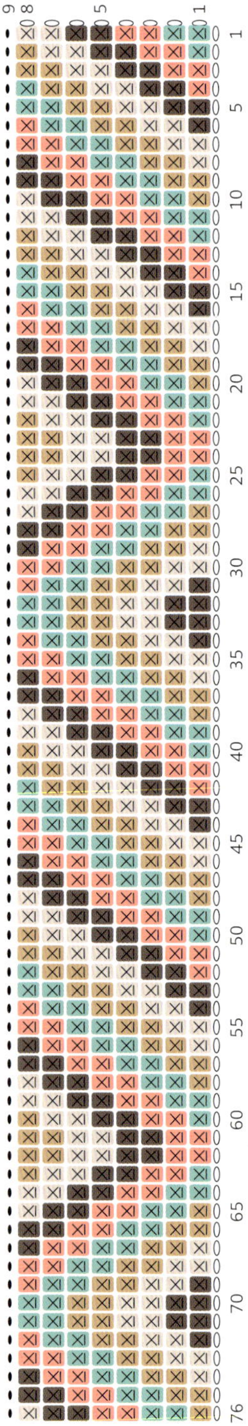

아즈텍 라지 모칠라백
Aztec Large Mochila Bag

맥시코 고대 인디언 부족의 패턴을 입힌 아즈텍 라지 모칠라백.

선명한 색상, 반복되는 패턴, 자유롭게 움직이는듯한 직선의 형태가 화려한 느낌을 줍니다.

어느 자리에서든 나를 주인공으로 만들어 줄 강렬한 디자인을 만나 보세요.

실

A. 모칠라코튼 (1볼 50g, 4 오렌지) 2볼
B. 모칠라코튼 (1볼 50g, 9 버건디) 3볼
C. 모칠라코튼 (1볼 50g, 14 라벤더) 2볼
D. 모칠라코튼 (1볼 50g, 30 진백) 3볼
E. 모칠라코튼 (1볼 50g, 24 토파즈) 2볼
F. 모칠라코튼 (1볼 50g, 39 검정) 3볼

바늘

모사용 코바늘 3/0호, 돗바늘

사이즈

가로 28cm x 세로 30cm

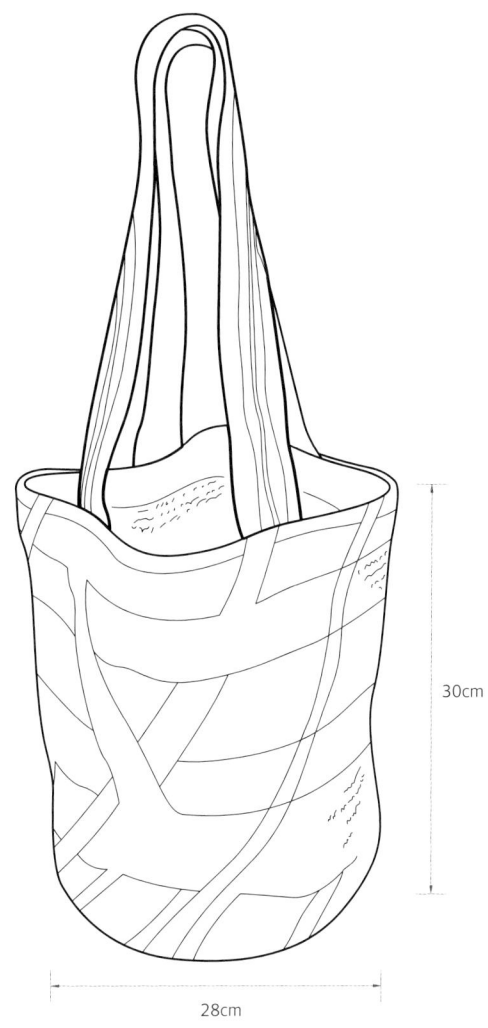

	사슬뜨기
✕	짧은뜨기
✕	짧은 이랑뜨기
✕	짧은 이랑 2코 늘려뜨기
●	빼뜨기
✎	실 연결하기
✎	실 자르기

바닥면 만들기

A, B, C, D, E, F 6개의 실을 동시에 잡고 B실로 시작한다.
원형뜨기로 시작코를 만들어 짧은뜨기를 뜬다. (P. 29 참조)
TIP. 기둥코와 빼뜨기없이 뜨는 방식으로 단이 바뀔 때,
어긋나는 것처럼 보인다.
도안에 표시된 배색 단에 유의하면서
2단부터 24단까지 짧은 이랑뜨기를 뜨며 코를 늘린다.
(총 232코)

옆면 만들기

도안에 있는 116코 무늬를 2번 반복한다.
1단부터 51단까지 증감 없이 짧은 이랑뜨기로 뜬다.
52단은 B실로 빼뜨기한다.

가방끈 만들기

TIP. 매 단마다 실을 바꿔 한 방향으로 뜬다.
가방끈 2개를 만든다.
B실을 사용해서 사슬뜨기로 시작코 170코와 기둥코 1코를
만들고 짧은 이랑뜨기를 뜬다. (65cm)
도안에 표시된 배색 단에 유의하면서
2단부터 11단까지 짧은 이랑뜨기를 뜬다.

마무리하기

가방과 가방끈을 돗바늘로 감침질하여 연결한다.

본체 (바닥면+옆면)

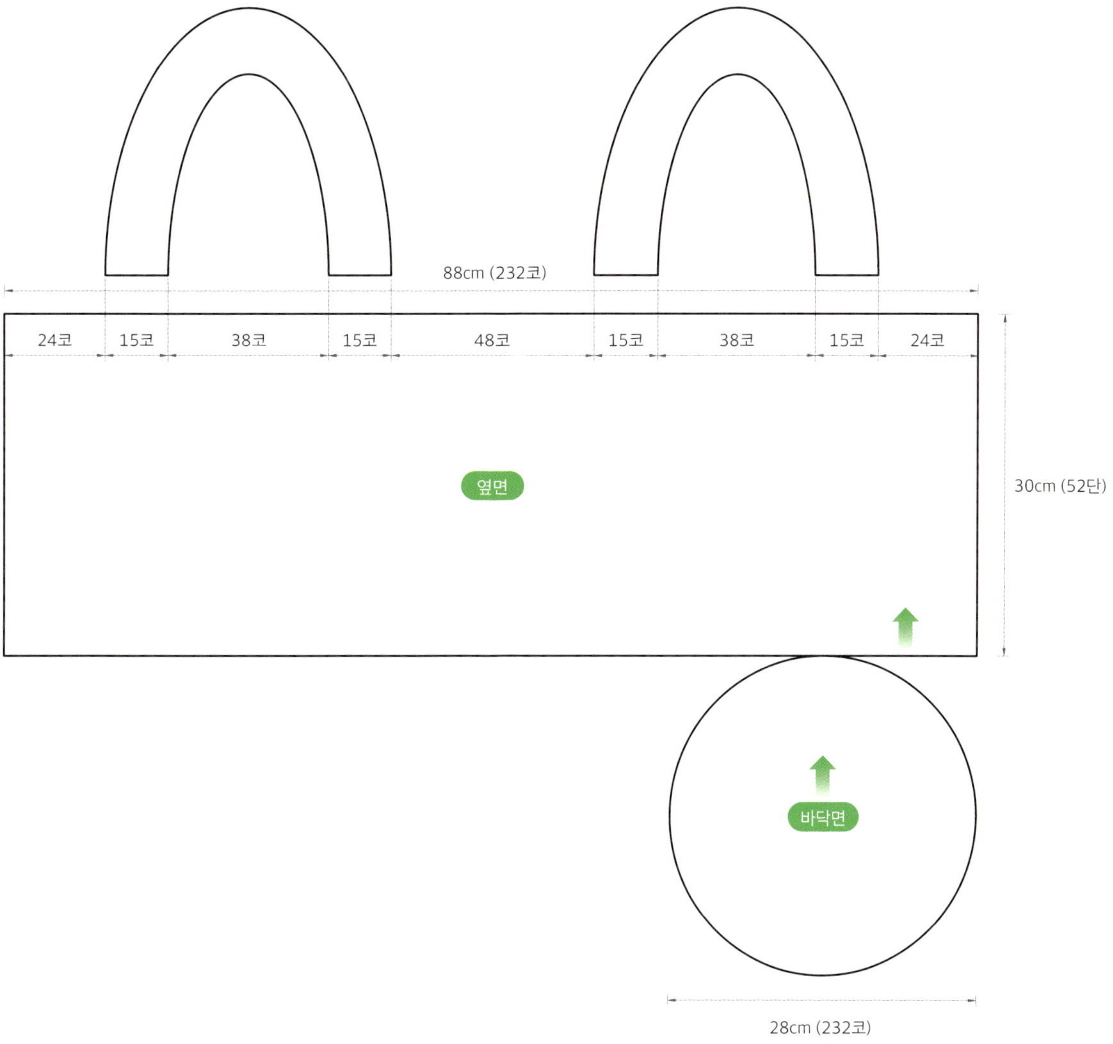

88cm (232코)

| 24코 | 15코 | 38코 | 15코 | 48코 | 15코 | 38코 | 15코 | 24코 |

옆면

30cm (52단)

바닥면

28cm (232코)

가방끈

5cm (11단)

65cm (170코)

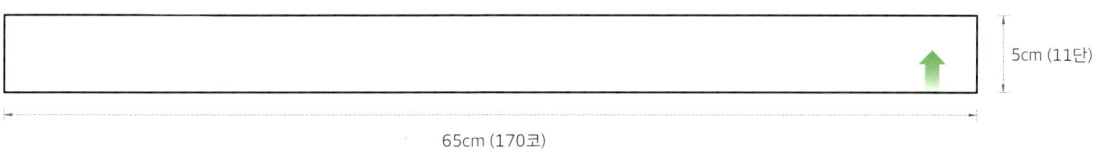
뜨는 방향

바닥면 콧수표

단	콧수	증감
1	10	-
2	20	+10
3	30	+10
4	40	+10
5	50	+10
6	60	+10
7	70	+10
8	80	+10
9	90	+10
10	100	+10
11	110	+10
12	120	+10
13	130	+10
14	140	+10
15	150	+10
16	160	+10
17	170	+10
18	180	+10
19	190	+10
20	200	+10
21	210	+10
22	220	+10
23	230	+10
24	232	+2

바닥면

A
B
C
D
E
F

옆면

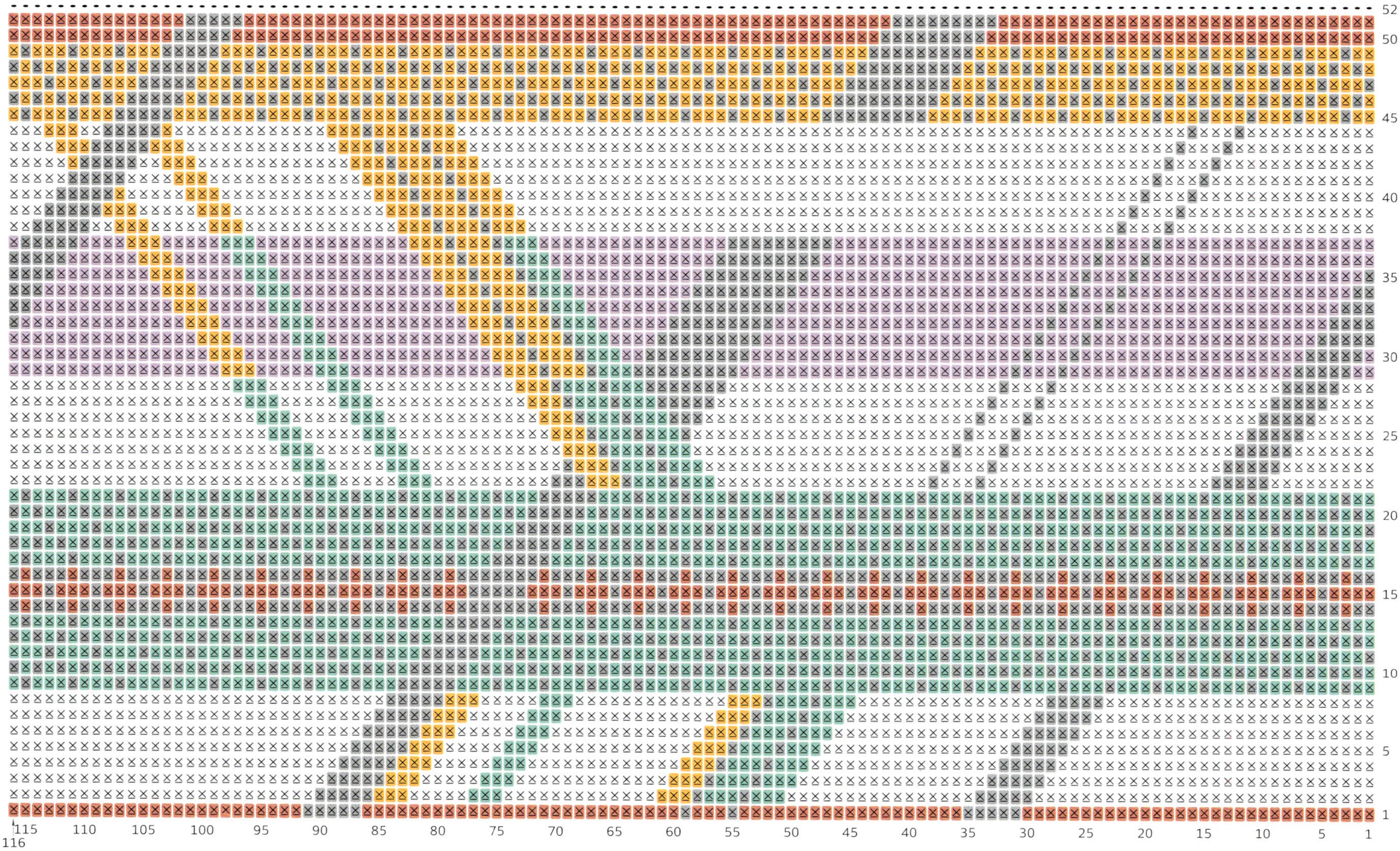
52
50
45
40
35
30
25
20
15
10
5
1
116
115
110
105
100
95
90
85
80
75
70
65
60
55
50
45
40
35
30
25
20
15
10
5
1

가방끈

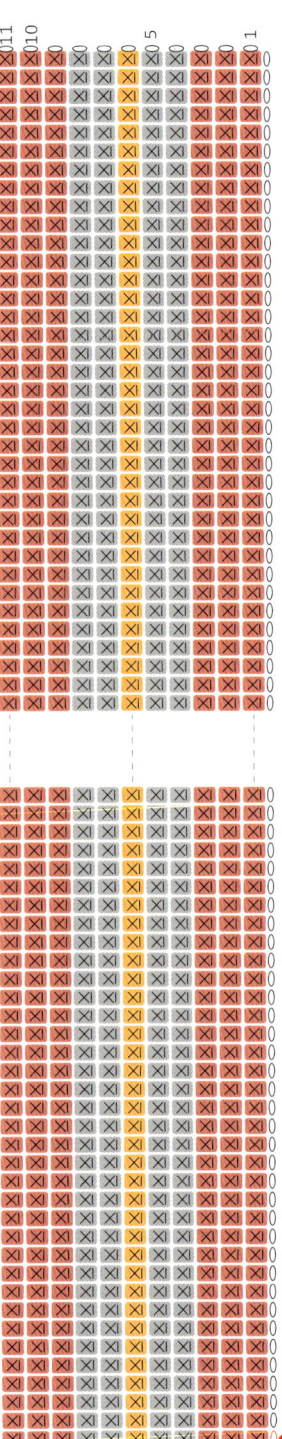

011
010
0
0
5
0
0
1

시슬 170코
(시작코)

170

Casual stitch

캐주얼 스티치

살다 보면 가끔은 내 맘대로 되지 않는 일도 있지요.
하지만 뜨개질은 무엇이든 내가 원하는 대로 자유롭게 표현할 수 있어요.
각자의 손땀에 따라 완성된 사이즈가 달라질 수도 있고,
도안을 보고 뜨다가 혹시 틀린 부분이 있더라도
나만의 스타일로 해석하여 완성하면 되니까 괜찮아요.
손으로 만드는 작품은 모두가 완전히 똑같은 모양으로 만들 수 없어요.
그러니 부담감은 내려놓고, 세상에 하나뿐인 나만의 뜨개 가방을 만드는 즐거움에
흠뻑 빠져 보세요.

모노톤의 어두운 의상을 많이 입는 겨울에는 경쾌한 색감의 가방을 드는 것만으로도
패션의 포인트가 되어 스타일리시해 보일 수 있어요.
뽀글뽀글 귀여운 링구사와 따뜻한 느낌을 주는 면사를 믹스해서 만든 가방 4종을 소개해요.
도화지에 그림을 그리듯, 자유롭게 낙서하듯이 재미있는 스티치로 가방끈을 연결해
나만의 개성을 표현해 보세요.

마티스백
Matisse Bag

휴대폰을 넣을 데일리 아이템으로 좋은 마티스백입니다.
포근하고 부드러운 터치감으로 가방을 만들 때부터 따뜻함이 전해져요.
찬 바람이 불어올 때, 사랑하는 사람들에게 선물해 마음을 표현해 보세요.

실

A. 링구사 (1볼 70g, 4 커피) 1볼
B. 밀키코튼 블루라벨
   (1볼 100g, C10 진주홍) 1볼
C. 밀키코튼 블루라벨
   (1볼 100g, C26 피넛) 소량

바늘

모사용 코바늘 7/0호, 돗바늘

사이즈

가로 11cm x 세로 18cm

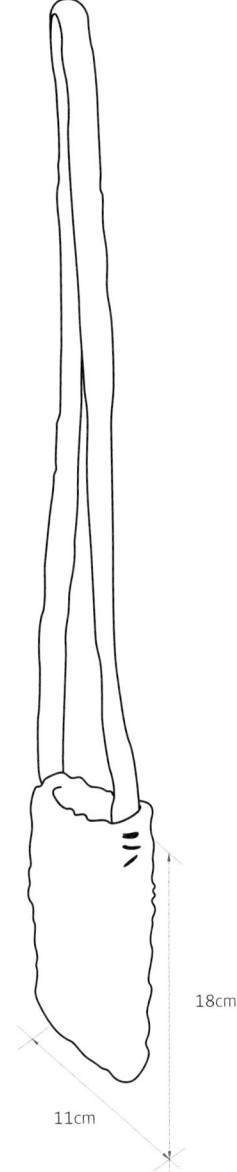

 사슬뜨기

 짧은뜨기

 빼뜨기

 실 연결하기

실 자르기

18cm

11cm

바닥면 만들기

B실 1겹으로 사슬뜨기 시작코 16코를 뜬 후,
A실을 2겹으로 합쳐서 기둥코 1코를 만들어 짧은뜨기를 뜬다.
(총 34코)

옆면 만들기

1단부터 25단까지 증감 없이 짧은뜨기를 뜬다.

가방끈 만들기

B실로 사슬뜨기 시작코 3코와 기둥코 1코를 만들어
짧은뜨기를 뜬다.
편물을 돌려가며 200단까지 증감 없이 뜬다.

마무리하기

가방끈 한쪽은 가방 안쪽에,
다른 한쪽은 가방 바깥쪽에 꿰맨다.
가방끈을 안쪽으로 꿰맨 부분의 바깥면에
C실로 자유롭게 스티치한다.

가방끈

본체 (바닥면+옆면)

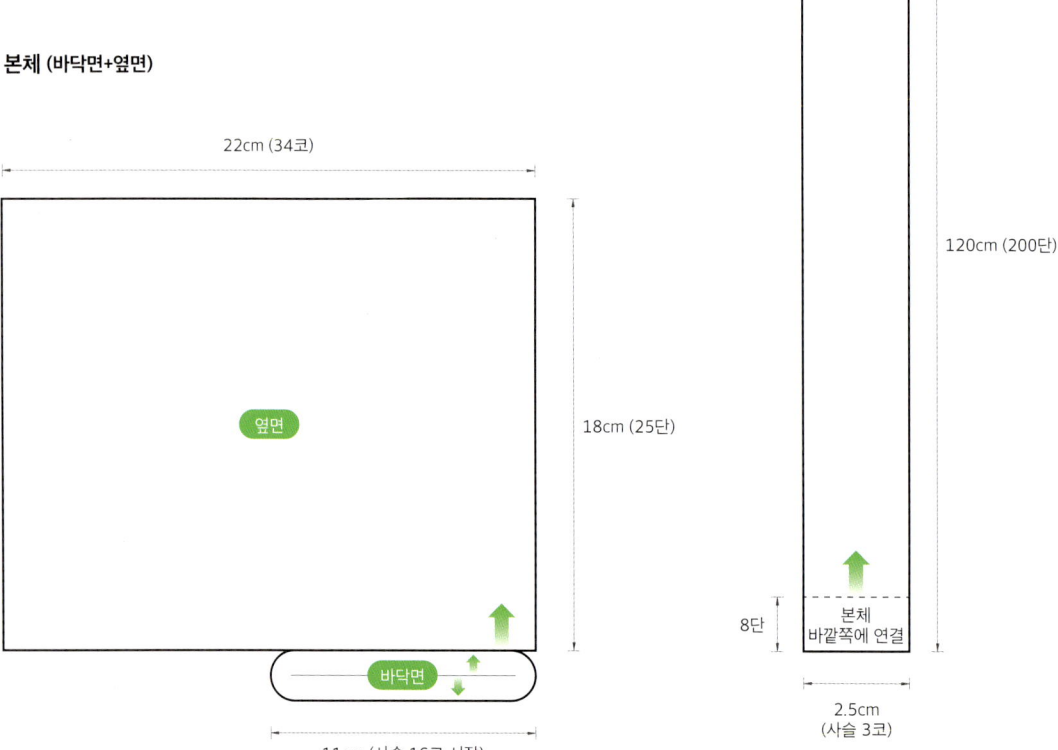

22cm (34코)

옆면

18cm (25단)

바닥면

11cm (사슬 16코 시작)

➡ 뜨는 방향

8단

본체
안쪽에 연결

120cm (200단)

8단

본체
바깥쪽에 연결

2.5cm
(사슬 3코)

본체 (바닥면+옆면)

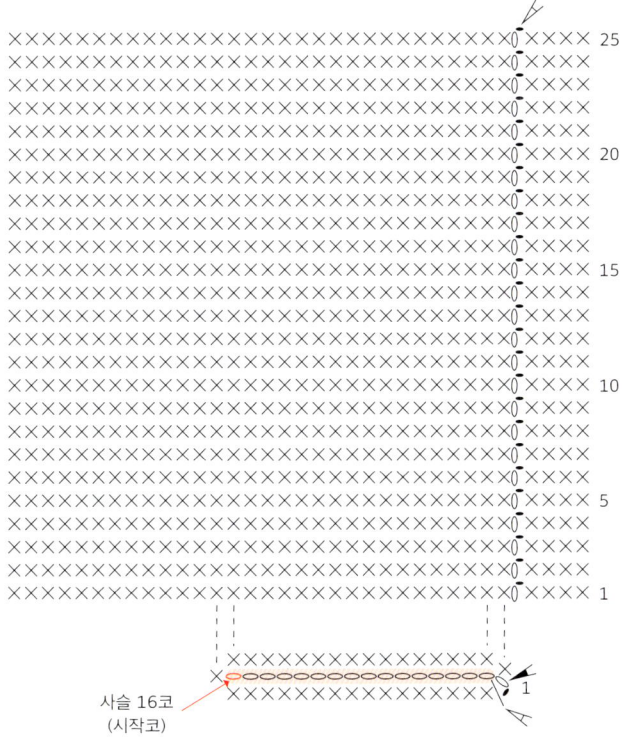

사슬 16코
(시작코)

☐ A

▨ B

가방끈

사슬 3코
(시작코)

샤크백
Shark Bag

밝고 귀여운 느낌을 가진 샤크백.
우울한 날에도 샤크백의 색감이 주는 발랄함에 저절로 기분 전환이 되지요.
콧노래 부르면서 외출하게 만들어 주는 나만의 힐링백이랍니다.

실

A. 링구사 (1볼 70g, 19 데님) 2볼

B. 밀키코튼 블루라벨
   (1볼 100g, C22 노랑) 1볼

C. 밀키코튼 블루라벨
   (1볼 100g, C10 진주홍) 소량

바늘

모사용 코바늘 7/0호, 돗바늘

사이즈

가로 24.5cm x 세로 17cm

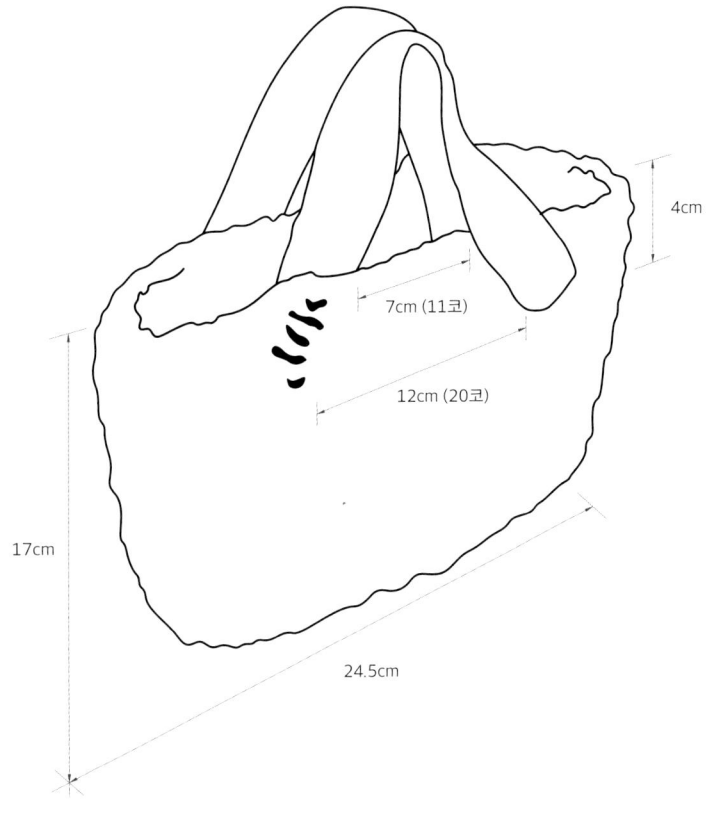

 사슬뜨기

✕ 짧은뜨기

● 빼뜨기

✦ 실 연결하기

✦ 실 자르기

바닥면 만들기

B실로 사슬뜨기 시작코 30코와 기둥코 1코를 만들어
짧은뜨기를 뜬다.
편물을 돌려가며 10단까지 증감 없이 뜨고 실을 자른다.

옆면 만들기

A실 2겹으로 합쳐서 뜬다.
도안에 표시된 위치부터 기둥코 1코를 세우고
바닥면의 둘레를 돌면서 짧은뜨기 80코를 뜬다.
2단부터 24단까지 증감 없이 짧은뜨기를 뜬다.

손잡이 만들기

B실로 손잡이 2개를 뜬다.
사슬뜨기로 시작코 4코와 기둥코 1코를 만들어
짧은뜨기를 뜬다.
편물을 돌려가며 42단까지 증감 없이 뜬다.

마무리하기

가방끈 한쪽은 가방 안쪽에,
다른 한쪽은 가방 바깥쪽에 꿰맨다.
가방끈을 안쪽으로 꿰맨 부분의 가방 바깥면에
C실로 자유롭게 스티치한다.

본체 (바닥면+옆면)

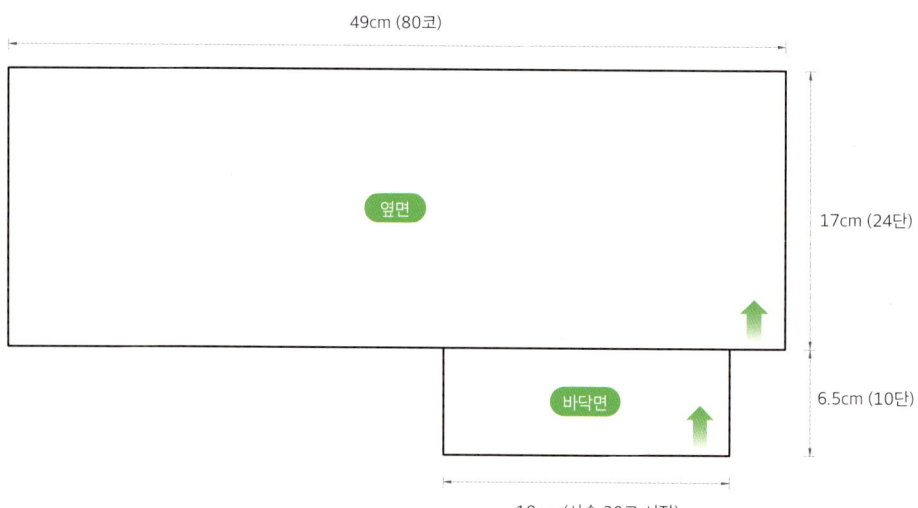

손잡이

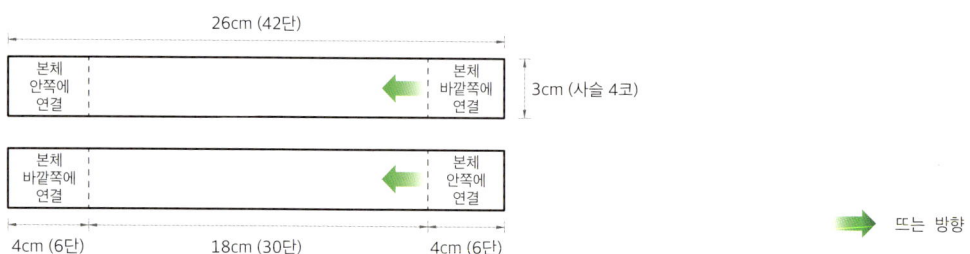

본체 (바닥면+옆면)

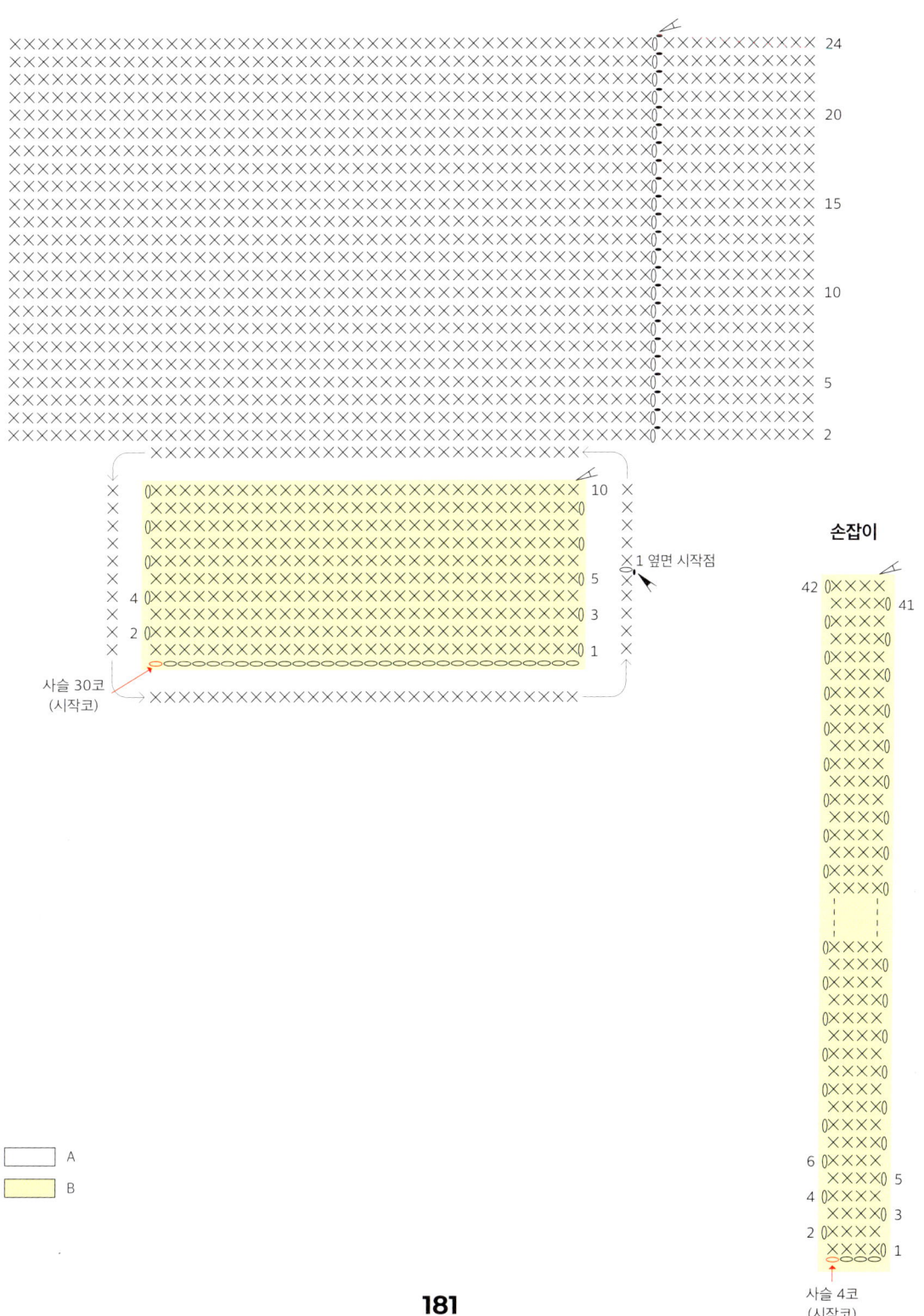

24

20

15

10

5

2

10

1 옆면 시작점

5

3

2

1

4

2

사슬 30코
(시작코)

손잡이

42

41

6

5

4

3

2

1

사슬 4코
(시작코)

A

B

클림트백
Klimt Bag

연인이 입맞춤하는 구스타프 클림트의 그림처럼
아름다운 색채로 사랑의 환상을 표현했습니다.
유쾌하고 사랑스런 색감으로 풀어낸 클림트백.
첫 키스의 설렘과 풋풋한 사랑의 감정을 생각하면서 만들어 보는 건 어떨까요?

실

A. 링구사 (1볼 70g, 15 카멜) 2볼
B. 밀키코튼 블루라벨
   (1볼 100g, C5 초록) 1볼
C. 밀키코튼 블루라벨
   (1볼 100g, C10 진주홍) 소량
D. 밀키코튼 블루라벨
   (1볼 100g, C22 노랑) 소량

바늘

모사용 코바늘 7/0호, 돗바늘

사이즈

가로 18.5cm x 세로 20cm

⬭	사슬뜨기
✕	짧은뜨기
✕	짧은 이랑뜨기
⋁ = ⋀	짧은 2코 늘려뜨기
⬬	빼뜨기
⬧	실 연결하기
⬧	실 자르기

8cm (12코)

20cm

14cm

6cm

18.5cm

바닥면 만들기

B실 1겹을 원형뜨기로 시작코를 만들어 짧은뜨기를 뜬다.
15단까지 코를 늘리면서 뜬다. (총 90코)

옆면 만들기

1단은 짧은 이랑뜨기로 뜨고,
2단부터 9단까지 증감 없이 짧은뜨기를 뜬다.
A실을 2겹으로 합쳐서 10단부터 28단까지 증감 없이
짧은뜨기를 뜬다.

손잡이 만들기

B실로 손잡이 2개를 뜬다.
사슬뜨기로 시작코 4코와 기둥코 1코를 만들고
짧은뜨기를 뜬다.
편물을 돌려가며 88단까지 증감 없이 뜬다.

마무리하기

B실로 가방끈 한쪽은 가방 안쪽에,
다른 한쪽은 가방 바깥쪽에 꿰맨다.
가방끈을 안쪽으로 꿰맨 부분의 가방 바깥면에
C, D실로 자유롭게 스티치한다.

본체 (바닥면+옆면)

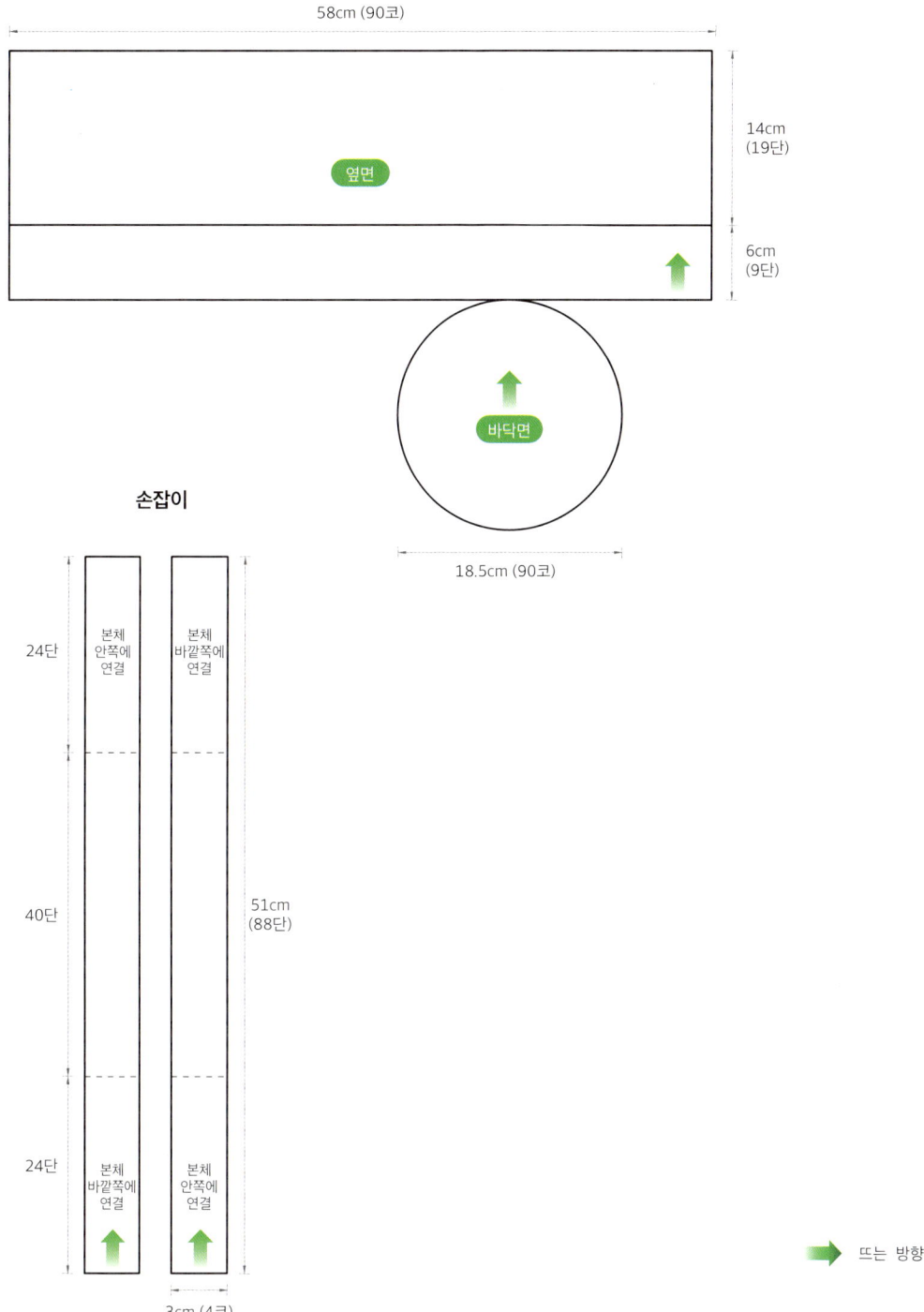

58cm (90코)

14cm
(19단)

옆면

6cm
(9단)

바닥면

18.5cm (90코)

손잡이

24단

본체
안쪽에
연결

본체
바깥쪽에
연결

40단

51cm
(88단)

24단

본체
바깥쪽에
연결

본체
안쪽에
연결

3cm (4코)

뜨는 방향

본체 (바닥면+옆면)

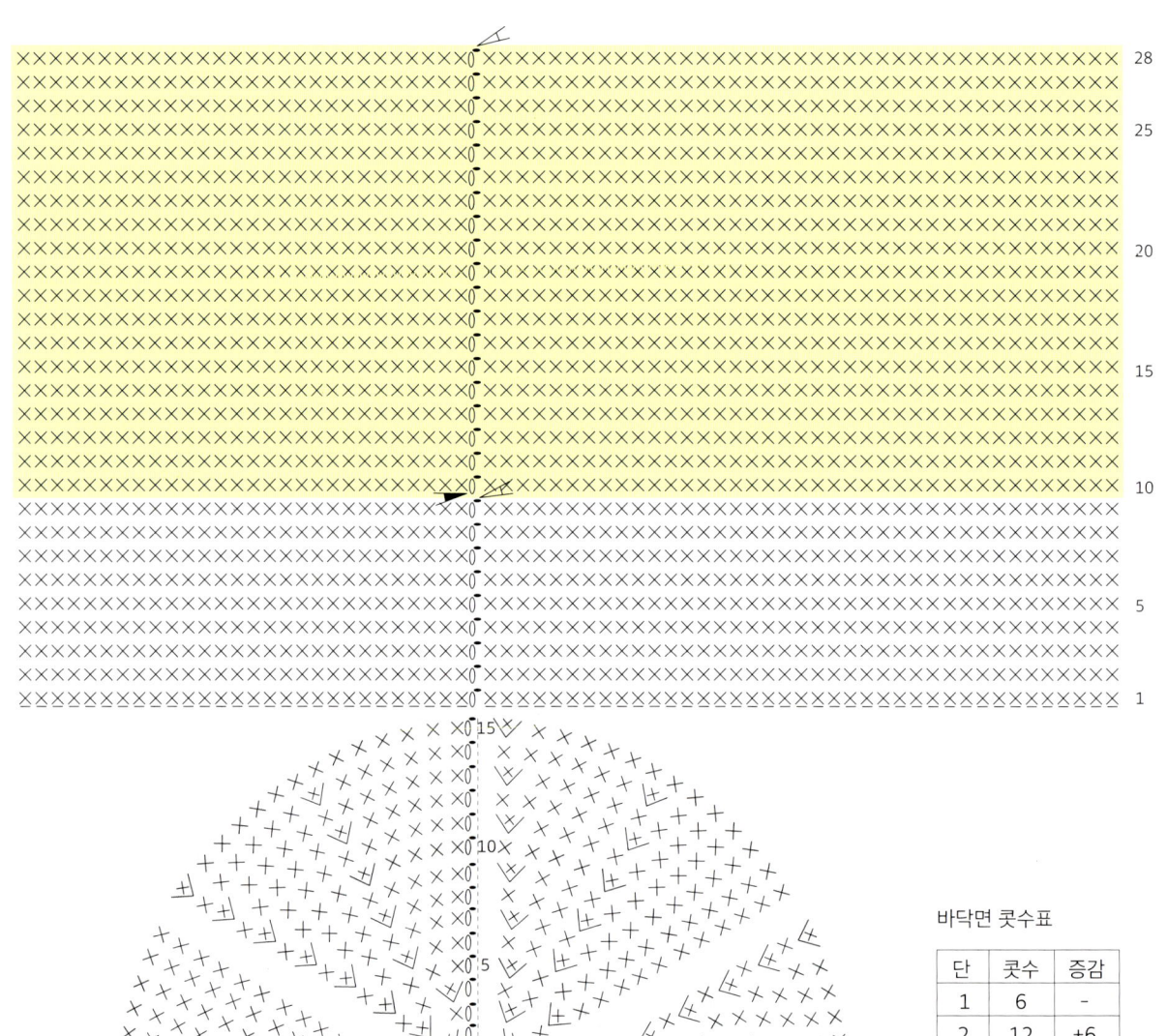

바닥면 콧수표

단	콧수	증감
1	6	-
2	12	+6
3	18	+6
4	24	+6
5	30	+6
6	36	+6
7	42	+6
8	48	+6
9	54	+6
10	60	+6
11	66	+6
12	72	+6
13	78	+6
14	84	+6
15	90	+6

A

B

손잡이

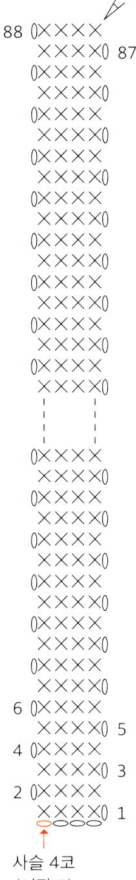

88 0ＸＸＸＸ
　　ＸＸＸＸ0 87
0ＸＸＸＸ
　　ＸＸＸＸ0
0ＸＸＸＸ
　　ＸＸＸＸ0
0ＸＸＸＸ
　　ＸＸＸＸ0
0ＸＸＸＸ
　　ＸＸＸＸ0
0ＸＸＸＸ
　　ＸＸＸＸ0
0ＸＸＸＸ
　　ＸＸＸＸ0
0ＸＸＸＸ
　　ＸＸＸＸ0
0ＸＸＸＸ
　　ＸＸＸＸ0
0ＸＸＸＸ
　　ＸＸＸＸ0
0ＸＸＸＸ
　　ＸＸＸＸ0
0ＸＸＸＸ
　　ＸＸＸＸ0
0ＸＸＸＸ
　　ＸＸＸＸ0
6 0ＸＸＸＸ
　　ＸＸＸＸ0 5
4 0ＸＸＸＸ
　　ＸＸＸＸ0 3
2 0ＸＸＸＸ
　　ＸＸＸＸ0 1

사슬 4코
(시작코)

187

프랑케인백
Frankine Bag

원하는 대로 마음껏 가방 위에 색을 표현해 볼까요.
정해진 틀이 없다고 생각하면 할 수 있는 일이 많아요.
원하는 색상으로 그림을 그리듯, 낙서를 하듯 스티치를 넣어 주세요.
세상에 하나뿐인 프랑케인백을 만들어 보세요.

실

A. 링구사 (1볼 70g, 8 탁보라) 2볼
B. 밀키코튼 블루라벨
   (1볼 100g, C26 피넛) 1볼
C. 밀키코튼 블루라벨
   (1볼 100g, C5 초록) 소량
D. 밀키코튼 블루라벨
   (1볼 100g, C22 노랑) 소량

바늘

모사용 코바늘 7/0호, 돗바늘

사이즈

가로 15cm x 세로 19cm

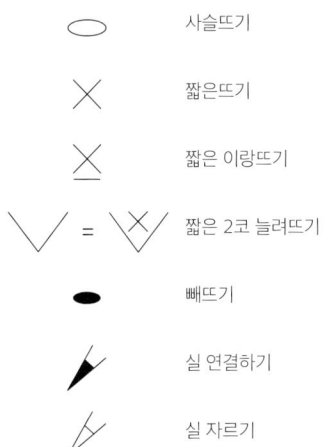

⬭	사슬뜨기
✕	짧은뜨기
⋎̅	짧은 이랑뜨기
⋁ = ⋈	짧은 2코 늘려뜨기
⬬	빼뜨기
➤	실 연결하기
⟋	실 자르기

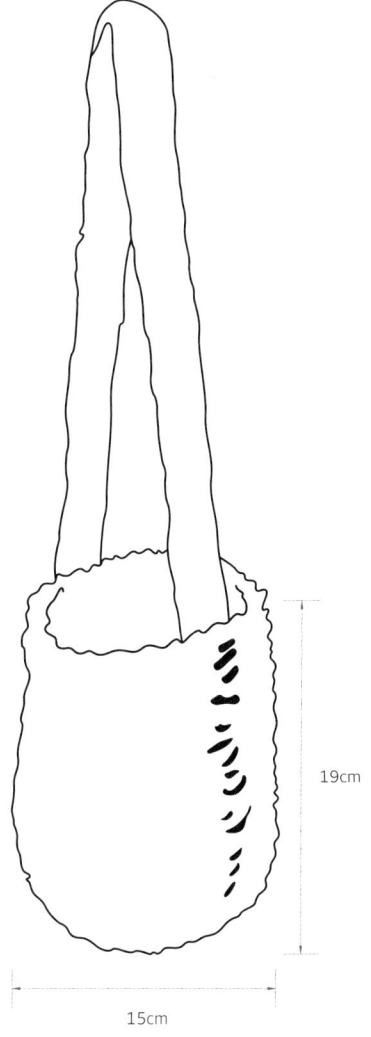

19cm

15cm

바닥면 만들기

B실 1겹을 뜬다.
원형뜨기로 시작코를 만들어 짧은뜨기를 뜬다.
13단까지 코를 늘리면서 뜬다. (총 78코)

옆면 만들기

A실을 2겹으로 합쳐서 1단은 짧은 이랑뜨기로 뜬다.
2단부터 28단까지 증감 없이 짧은뜨기를 뜬다.

가방끈 만들기

B실로 사슬뜨기 시작코 5코와 기둥코 1코를 만들고
짧은뜨기를 뜬다.
편물을 돌려가며 186단까지 증감 없이 뜬다.

마무리하기

가방끈 한쪽은 가방 안쪽에,
다른 한쪽은 가방 바깥쪽에 꿰맨다.
가방끈을 안쪽으로 꿰맨 부분의 가방 바깥면에 C, D실로
자유롭게 스티치한다.

본체 (바닥면+옆면)

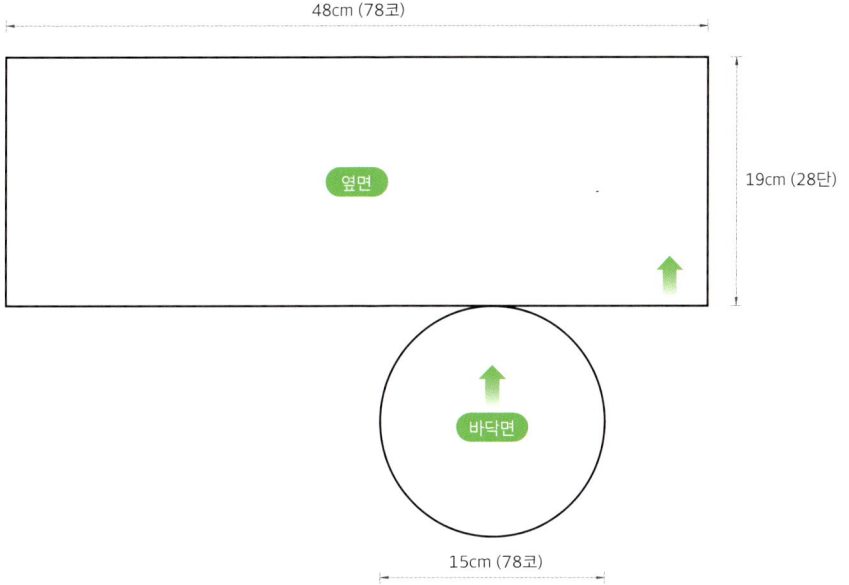

48cm (78코)

옆면

19cm (28단)

바닥면

15cm (78코)

가방끈

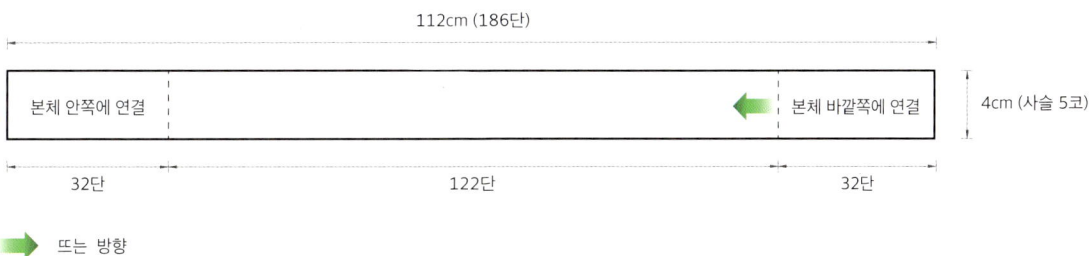

112cm (186단)

본체 안쪽에 연결

본체 바깥쪽에 연결

4cm (사슬 5코)

32단　　　　　122단　　　　　32단

뜨는 방향

본체 (바닥면+옆면)

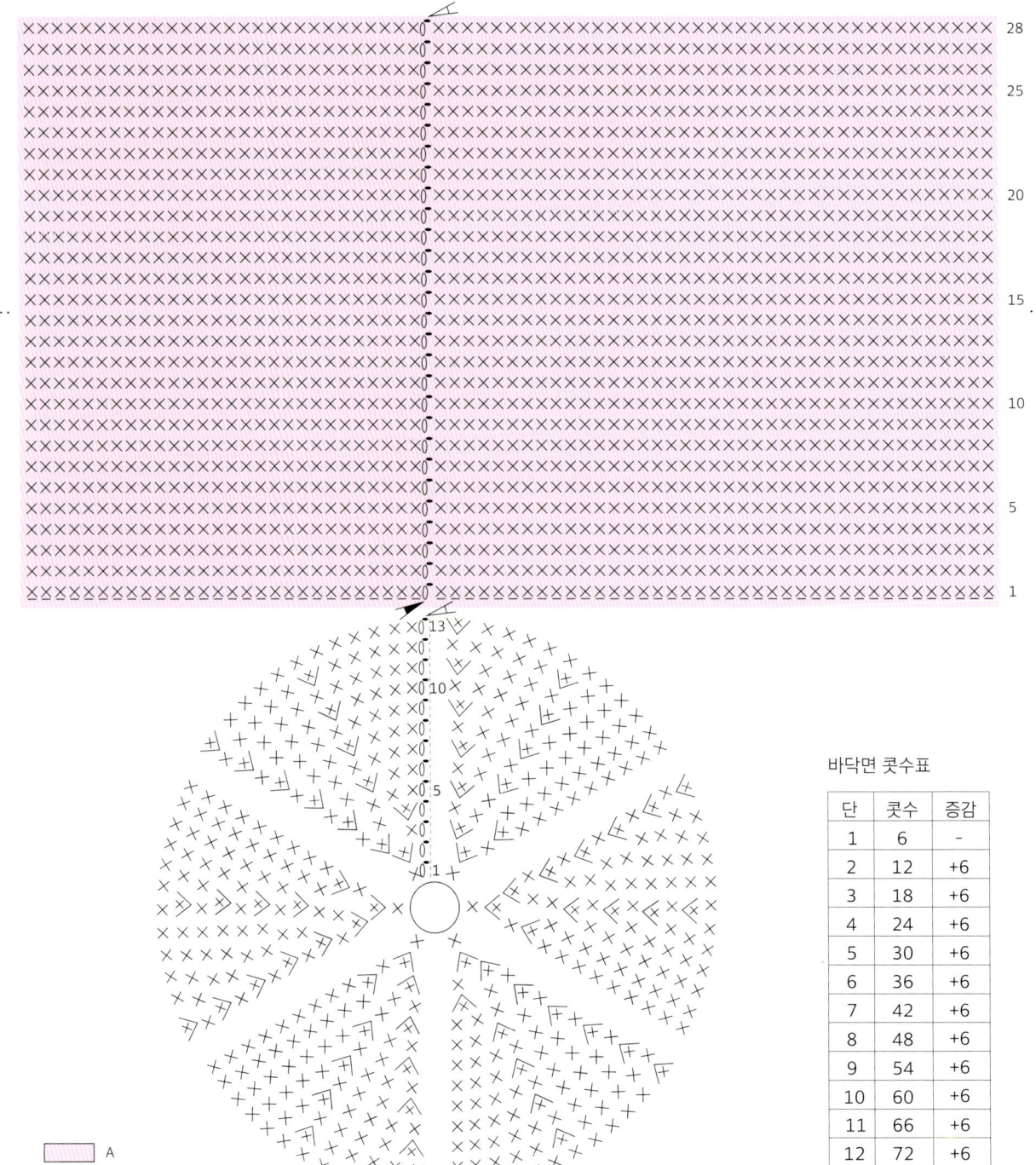

바닥면 콧수표

단	콧수	증감
1	6	–
2	12	+6
3	18	+6
4	24	+6
5	30	+6
6	36	+6
7	42	+6
8	48	+6
9	54	+6
10	60	+6
11	66	+6
12	72	+6
13	78	+6

A

B

가방끈

186 0×××××
　　×××××0 185
　　0×××××
　　×××××0
　　0×××××
　　×××××0
　　0×××××
　　×××××0
　　0×××××
　　×××××0
　　0×××××
　　0×××××
　　×××××0
　　0×××××
　　×××××0
　　0×××××
　　0×××××
　　×××××0

　　0×××××
　　×××××0
　　0×××××
　　×××××0
　　0×××××
　　×××××0
　　0×××××
　　×××××0
　　×××××0
　　×××××0
　　0×××××
　　×××××0
6　0×××××
　　×××××0 5
4　0×××××
　　×××××0 3
2　0×××××
　　×××××0 1

사슬 5코
(시작코)

193

Everyday Crochet Bag

Epilogue

2020년 3월 초, 인스타그램에 올린 사진 한 장으로 단기간에 팔로워 2만 명이 생겼어요.

리넨 소재의 아이보리 점프수트를 입고 네온 컬러의 가방을 들고 있는 사진이었죠.

코로나로 인해 우울했던 탓인지 밝은 기운을 주는 네온 컬러가 사람들의 마음을 사로잡있딘 것 같아요.

이를 계기로 데일리룩과 뜨개 가방을 스타일링해서

작업실 거울에 비친 모습을 사진 찍어 인스타그램에 올리기 시작했어요.

어떤 가방을 뜰까 고민하고 또 이와 어울리는 옷을 고르는 시간이 재미있었고

많은 사람들과 소통할 수 있는 창구이기도 했지요.

가방을 어떻게 뜨는지 묻는 분들은 당연히 많았지만

의외로 뜨개 가방을 어떤 옷과 매치해야 하냐는 질문도 많았어요.

그래서 뜨개 가방과 어울리는 어울리는 스타일링을 간단하게 소개해봅니다.

캐주얼 스타일

청바지, 티셔츠, 운동화, 심플한
원피스 등 일상에서 쉽게 접할 수 있는
기본적인 옷이죠.
깔끔한 옷일수록 아이템에 따라
색다른 분위기를 연출할 수 있어요.
활동하기 편안한 의상을 걸치고도
트렌디하고 싶을 때는 강렬한
색상이나 화려한 패턴의 가방으로
포인트를 주면 좋습니다.

로맨틱 스타일

퍼프 소매, 하늘하늘한 시폰, 플라워
프린트의 원피스를 떠올리면 설렘이
가득해요.
사랑스러운 의상에는 밝은 파스텔
색상의 가방을 선택해 섬세한
부드러움을 더해 보세요.
기념일이나 데이트가 있는 날이라면
로맨틱 스타일을 추천합니다.

모던 시크 스타일

블랙과 화이트로 도시적인 느낌이
물씬 풍기는 스타일링은 세련된
인상을 주기 때문에
굳이 더 꾸미지 않아도 멋스러워요.
심플한 가방에 퍼, 체인, 가죽 부자재
등으로 살짝 포인트를 주어서
고급스러운 스타일을 완성하세요.
올블랙 의상이라면 레오파드 패턴의
가방을 들어 매혹적으로 연출하는
것도 좋아요.

Thanks to

빠르게 흘러가는 삶 속에서 나에게 집중할 수 있는 시간을 갖는다는 건
중요한 일입니다.
뜨개질을 하며 손끝의 감각에 집중해 보세요.
일부러 시간을 내지 않아도 괜찮아요.
평소에 코바늘과 뜨개실을 가방에 넣고 다니다가
잠시 쉬는 시간이 생겼을 때, 5분도 좋고 한 시간도 좋습니다.
뜨개실로 면을 만들고 면이 모여 입체적인 가방이 되는 과정의 즐거움을
이 책을 통해 느꼈으면 하는 바람입니다.
코바늘 가방 뜨기에서 틀렸다는 말은 존재하지 않습니다.
틀리다, 맞다 대신 다르다는 말이 어울려요.
개인이 갖고 있는 감성과 손땀이 다르기 때문에
같은 도안을 보면서 만들어도 각자의 개성이 담긴 가방이 완성됩니다.
내가 만든 뜨개 작품을 자세히 들여다보면 내 모습이 보여요.
여러분들의 힐링 시간에 코바늘과 뜨개실이 함께하길 바랍니다.

책이 나오기까지 도움을 준
신은영(니팅쌤), 장우진, 함은정
그리고 도안 편집과 일러스트에 도움을 주신 브랜드얀 민정선 이사님,
지금의 니팅맘을 만들어 준 내 삶의 활력소 니팅맘 작업실 식구들
(김나영, 김예진, 김행미, 노연정, 류수현, 신민정, 신영주, 신현경, 송연진,
이범윤, 이수빈, 이송이, 이신정, 임정미, 전지영, 정은미, 정희진, 최미림,
최미연, 최은수, 한지연 등등),
응원해 주는 사랑하는 친구들
(김지은, 권미현, 권남희, 최지연, 최미화, 최수정),
엄마가 유명해지길 바라는 아들 정규찬,
나의 버팀목인 엄마, 아빠,
책을 작업하는 동안 영화 〈위플래쉬〉의 최악의 폭군 선생님
'플레쳐' 역할을 해준 남편에게 고마움을 전합니다.
한스미디어와 그 외의 모든 스태프분들께도 고마움을 전합니다.

매일매일 뜨개 가방

1판 1쇄 인쇄	2022년 6월 15일
1판 1쇄 발행	2022년 6월 23일

지은이	최미희(니팅맘)
펴낸이	김기옥

실용본부장	박재성
편집 실용 2팀	이나리, 장윤선
영업	김선주
커뮤니케이션 플래너	서지운
지원	고광현, 김형식, 임민진

작품 제작 협조	브랜드얀
사진	윤용식(studio etc)
스타일·아트 디렉션	김신정
촬영 협조	최은별
의상 협찬	BSLASHB
헤어·메이크업	조유리
모델	에이엘에이전시

디자인	onmypaper
인쇄·제본	민언 프린텍

펴낸곳   한스미디어(한즈미디어(주))
주소 121-839 서울시 마포구 양화로 11길 13(서교동, 강원빌딩 5층)
전화 02-707-0337 | 팩스 02-707-0198 | 홈페이지 www.hansmedia.com
출판신고번호 제313-2003-227호 | 신고일자 2003년 6월 25일

ISBN 979-11-6007-826-8   13630